犀の角のようにただ独り歩め

——「スッタニパータ」

「移行期的混乱」以後

晶文社

写真　荒木経惟
装丁　佐藤直樹＋菊地昌隆（アジール）

「移行期的混乱」以後　目次

第1章　人口減少の意味を探る

第2章　家族の変質と人口増減

第3章 戦後の家族の肖像

郵　便　は　が　き

恐れ入りますが、52円切手をお貼りください

101-0051

東京都千代田区
神田神保町 1-11

晶文社 行

◇購入申込書◇

ご注文がある場合にのみご記入下さい。

■お近くの書店にご注文下さい。
■お近くに書店がない場合は、この申込書にて直接小社へお申込み下さい。
送料は代金引き換えで、1500円(税込)以上のお買い上げで一回230円になります。

宅配ですので、電話番号は必ずご記入下さい。
※1500円(税込)以下の場合は、送料530円(税込)がかかります。

(書名)	¥	(　　)部
(書名)	¥	(　　)部
(書名)	¥	(　　)部

ご氏名　　　　　　　　　　㊞　TEL.

ご住所 〒

晶文社　愛読者カード

お名前《ふりがな》　（　　歳）　ご職業

ご住所　〒

Eメールアドレス

お買上げの本の
書　　名

本書に関するご感想、今後の小社出版物についてのご希望などお聞かせください。

ホームページなどでご紹介させていただく場合があります。（諾・否）

お求めの書店名		ご購読新聞名	

お求めの動機	広告を見て（新聞・雑誌名）	書評を見て（新聞・雑誌名）	書店で実物を見て / 晶文社ホームページ〃	その他

ご購読、およびアンケートのご協力ありがとうございます。今後の参考にさせていただきます。

「移行期的混乱」以後

第1章

人口減少の意味を探る

恣意的な記憶

最近つくづく思うことがある。

歴史であれ、現在起きている事柄であれ、人は誰でも、自分が見たいことだけを選択的に見ており、覚えていたいことだけを選択的に覚えているということだ。それは、自分の経験に照らし合わせてみればすぐに分かる。

わたしの場合、かつて観た映画の中に、確かにあったはずのシーンが、映画を見直してみたら見当たらないということが何度かあった。川島雄三の『洲崎パラダイス赤信号』のエンディングで、昭和の猟奇事件で有名な阿部定が、着物姿で橋のたもとに立っているシーンがあったはずだと思っていたのだが、映画を見直してみるとそんなシーンは存在していなかった。また、小関智弘原作、池端俊策脚本演出の『ドラマ人間模様　羽田浦地図』の中で、主演の緒形拳が、宅地になってすっかり変わってしまった羽田浦の駐車場の土を掘ると、土の中から貝殻がでてくるというシーンも印象に残っていたが、見返してみたら貝殻のシーンはなく、緒形はただ土を手ですくって口に入れるというシーンであった。

わたしは、映画にはないセリフやシーンを、映画を観た後で、事後的に作り上げていたことになる。しかも、それらはわたしの記憶に、ありありと残っているのである。この無意識的な記憶の捏造は、現実の場面でもしばしば起こりうる。小学校時代からの友人である内田樹と、昔の話をして驚いたことがある。同じひとつの体験が内田とわたしではまったく違ったものとして記憶されていることが多いのである。物覚えの悪いわたしの記憶が曖昧だということはありうるかもしれないが、いくつかの事柄に関しては内田の記憶のほうが間違っている。いずれにせよ、記憶の中には、明らかに事後的に作り出された物語が、ほとんどそれと知らずに紛れ込んでいた。このことは記憶力の確かさとは実はあまり関係がない。

記憶とは過去の残像であると同時に、過去の再生であり、過去の再生には現在が必要なのだ。そして、過去の出来事の断片を拾い集めて、自分の物語を作るとき、誰もが、自分の欲望のバイアスのかかった物語を作ってしまうのだ。それが、「自分の固有の物語」であるということは、同じ一つの出来事に対して、その参加者の人数分だけの「固有の物語」が紡ぎだされるというわけである。

この手の差異は、過去の出来事の物語的再生のときにだけ生じるとは限らない。同じ時間、同じ場所で、同じ一つのモノを観ていたとしても、参加者の精神に映し出されたものが同じだとは限らない。同じ一つの対象を、まったく異なった作品に仕上げる二人の画家を思い浮かべてみればよいだろう。かれらは、それぞれ自らの眼に忠実に作品を仕上げたのである。ゴッホも、ルノアールも、セザンヌも南フランスのサント・ヴィクトワール山を描いている。当然ながら、それぞれは、まったく異なった絵である。かれらは、自己の表現の違いや、手法の違いによって異なった風景を描いたのかもしれないが、見えていたものがはじめから違っていたのだともいえる。

およそ見たり、聴いたり、感じたりすることには、必ず欲望というバイアスがかかっている。しかし、誰も自分の欲望に対しては無自覚なのである。この見えない欲望について知ることができれば、今までは信じ込んでいたわたしたちの体験に対して、おそらくは正しい修正を加えることができる。

欲望による現実の修正を矯正するための唯一の方法は、その欲望が何であるのかについて、一段高い見晴らしのよい高所からこれを眺めてみることだ。登山の途中には、勾配の地面と目の前の草木しか見えないが、頂上にたてば、山の形が視野に入る。その時初めて、自分が歩いていた斜面が、どのような形状をしていたのかが理解できるというわけである。

ある時代、たとえば日本の高度経済成長期においては、その特異な時代的な背景がひとびとの考え方にも行動にも重大な影響を与えてきた。現存している人間たちの多くが生きてきた時代について言うならば、その時代的背景とは、国家も、会社も、自分の生活も、すべてが右肩上がりに成長しているということであった。ひとびとは、すべてのものが成長しているということにほとんど無意識であった。つまりは成長を所与として、受け入れていた。それがあまりに、当たり前のことだったので、成長ということに関して疑うということがなかったのだ。いや、あまりに当たり前のことは、思考の中に主題化されないのは当然だ。しかし、この主題化されなかった所与は、思考のすべての背後に伏流しており、思考全体に意識されることのない影響を与えている。

だから、この所与がもはや失われていたとしても、わたしたちは、成長し続けたいという欲望から自由になることは難しい。

株式会社というシステムについて考えるとき、その創成期の時代背景をもう一度確認しておく必要がある。株式会社というアイデア、つまりは経営と資本が分離した利益共同体というシステムを最初に思いついたひとびとが現れたのは、17世紀後半のイギリスやオランダにおいてであった。

それは、長い中世の終焉と、近代の始まりが交錯する、時代の移行期であった。停滞から、発展へ。つまり、遠隔地貿易が盛んになり、産業のグローバル化が始まった時代であったのだ。この文明移行期の先に待っていたのは、産業革命であった。

17世紀も終わろうとする頃、ロンドンのエクスチェンジアレイにあるパブには株の仲買人たち（ジョバー）が集まっては、資金調達の方法について語り合っていた。遠隔地貿易における、安全な航海を実現するためには、天候や潮流の異変に耐えられるように船を加工し、積み荷を大量に確保し、人を雇い入れるための大きな資金が必要だった。

それまでの、事業主同士が資金を出し合って資本を拡充するやりかた（パートナーシップ）だけでは、調達できる資金に限界があった。この限界を打ち破るために、ジョバー達が考え出したシステムが、会社の経営陣とは別の第三者から資金を集める株式の発行であった。株式の発行自体は、植民地経営の国策会社である東インド会社がすでに行っていたが、これを民間の会社や、スタートアップの会社でも採用できるはずだと考えたのだ。これが、成功報酬型の投資の始まりであり、このジョイントストック方式によって、経営者自身は大きな資金を持っていなくとも、株主の資金を統合することで巨大な資本を形成することを可能にしたのである。

しかし、その資金調達システムには、詐欺的な行為がつきまとい、またバブル発生の要因ともなった。次々に設立された株式会社には、取り込み詐欺や違法取引などのスキャンダルがつきまとったという。はじめ93社あった株式会社は、数年後には20社しか残らなかったのである。

株式会社の命運

The South Sea Company（南海会社）は、西インド諸島との奴隷貿易を行うために1711年に設立された。同社はユトレヒト条約で、スペイン領への奴隷の独占的供給権を獲得し、まさに上り坂を一気に駆け上がるように成長した。そして、東インド会社やイングランド銀行を抑えて、同社がイギリス国債のほとんどを引き受けることを議会が承認した。議会のお墨付きを得たThe South Sea Companyは、莫大な収益が約束されたようなものだったので、同社の株は急騰した。しかし急騰した株は、かならず暴落するときがくる。株価を押し上げるのは、会社の実績であるより前に、この会社が実績を積み上げることになるだろうという期待に過ぎないからだ。間もなく、The South Sea Companyは、株式の売買による収益はあっても、本業ではまったく利潤をあげていないことが明らかになり、株式は暴落した。南海バブル事件の顚末である。

同じことが、歴史のなかで何度でも懲りずに繰り返されたのは誰もが知っているが、株式会社というものが、その始まりにおいて、すでにバブルとスキャンダルを引き起こしていたことはあまり知られていない。

当時も、国債引き受けを独占していた会社の破産は大きな事件となった。議会はこの事件以後、バブル法を可決して、およそ100年間にわたり、特殊な例外を除いては株式会社の設立を禁止したのである。

イギリス国教会も、株式会社というシステムが醜聞の温床になることを危惧し、非難を浴びせることになった。

この株式会社が復活するのが、1世紀ほど遅れてやってきた産業革命の時代であった。産業革命はまさに、急激な社会の進歩、経済の発展を予想させるものとなったが、その経済発展の支え手として、株式会社というシステムが見直されることになる。工場に機械を並べ、多くの労働者を雇い入れるための資金調達の方法として、株式会社のシステムは最も手早く好都合なものだったからである。株式会社こそ、右肩上がりの時代の特徴的な発明であった。産業革命の時代に、社会の右肩上がり（経済の流動化）の流れが急激に加速されると、株式会社は世界経済をけん引し、ひとびとの消費意欲を刺激する。産業社会はまもなく全盛期を迎え、株式会社の利益が国益であるかのような法人資本主義の全盛時代まで続いていった。

今の時代を一言で表現しようとするならば、この右肩上がりの時代に設計されてきた様々なシステムが、その賞味期限を終えようとしているということだろう。株式会社が拡大し続けたのは、ひとびとの旺盛な消費欲が充溢していたからである。しかし、旺盛な消費欲は無限には続かない。

「欲しいものが無くなる」ということにはならないだろうが、生活の利便性向上に寄与する電化製品や、住宅といったものは、市場に行き渡れば、買い替え需要ではない新規需要を喚起することが難しくなる。そのうえ、人口が減少して、市場そのものの規模が縮小してくれば、あたかも収穫逓減のような様相を呈し始める。

人口も、経済も超速で右肩上がりに上昇した近代は、人類の長い歴史のなかでは、わずか数百年のことに過ぎない。これから先、永遠に人口が増え続け、消費が膨らみ続けると思うことのほうが幻想だろう。たとえ、そういうことが起きたとすれば、それこそ有限の地球環境は危機的な状況に陥ることになるに違いない。

しかし、「成長」に慣れ切ったわたしたちの無意識の欲望はそのことを認めることができないでいる。「成長」の時代に生まれた様々なシステムは、「成長」の時代が終わろうとしても、生き残ろうとする。それはほとんど集団的な本能だといってもよい。だから、右肩上がりを続けようとするマッチポンプのような運用が行われ、その結果、社会のあちらこちらで便益の向上よりは、不具合が目立つようになる。たとえばそれは、所得中間層の崩壊とそれにともなう貧富格差の拡大であり、不祥事を繰り返す株式会社であり、現物の経済からかけ離れた投機の対象になっている金融システムであり、将来に支払い不能になるかもしれない年金のシステムである。これらは、みな社会が右肩上がりの時に出現するか、考案されたものであり、経済が右肩上がりに膨張していたからこそ機能していたシステムであった。

社会が右肩上がりの時に考案されたシステムが、その条件であった右肩上がりの経済という所与をなくしたとき、はたしてシステムはこれまでのように存続してゆくことができるのだろうか。それとも、イノベーションという救世主が現れて、ふたたび右肩上がりの経済を作り出していけるのか。わたしは、その可能性は少なく、システムそのものが、病に陥った状態がしばらくは続くだろうとみている。それはどんな症状を発症し、そこから回復へ至る道をどのように見出したらよいのだろうか。これが本書の主題である。

しかし、時代の中に生きている者にとって、その時代を客観的に観察することは難しい。もし、こうした「現代の病」といったものを正しく観察しようとするのなら、わたしたちは、自分たち自身の思考の足場を、多様性を失い、同質化した時代の外に置いて、これを眺めてみなくてはなるまい。つまりは、短期的な思考を離れて、長期的な、いや超長期的な視野から現在というものを観察し直す必要があるということである。

表層の変化と、本質的変化

戦後70年の間に、わが国で起きたことのうちで、最も重大な社会変化は２００９年をピークにして総人口が減少し始めたことだろう。この変化は政治・経済・文化の領域において、この上なく重要な意味を持っている。しかしそれは、長い時間の中での、緩やかな変化であるために、緊急の課題にはなりにくかった。この緩慢な変化は、為替変動や、政変、あるいは天災などのように、すぐさま何か大きな異変をもたらすことはないかもしれない。しかし、向こう数十年あるいは1世紀以上の来るべき歴史は、この国の在り様を根本的に変えてしまうことになるだろう。つまり、わたしたちは、長く、緩慢な、しかし確実な文明史的転換点のただ中を生きている。そのことを、これから説明していきたいと思う。

本質的な変化とは、いつも緩慢なものであり、その内部に生きているものにとっては、その変化が何を意味しているのかがよく分からないものだ。そればかりか、変化そのものにさえ気がつかない場合が多い。多くの場合、変化の結果が作り出す断面だけを見て、「人口が減った」とか、「成長が鈍化した」とか言っているに過ぎない。繰り返すが、本質的な変化とは、緩慢にしか進まないものであり、同時に、経済や、文化や、自然環境や、生活といった諸々の様相が、ほとんど同時的に地殻変動を起こすようにして進行するものだと思ったほうがよい。それも、数十年、数百年という時間の中での話である。

現在、多くのメディアが報じている人口減少に対する理解は、こういった文明史的な変化に対して、近視眼的な視点しか持たない誤った理解の典型的な症状を示している。そのひとつが、多くの日本人が、「将来の経済的な不安があるために、女性が子どもを産まなくなった」という説明を信じていることだ。

こういった分かりやすい解釈には、重大な落とし穴があると考えたほうがよい。後に詳しく述べるように、そもそも、女性は子どもを産まなくなったわけではない。

読者は意外に思うかもしれない。

現に、少子化という現象が起きているではないか。

総人口は急激に減少しているではないか。

その理由は、まさに女性が子どもを産まなくなったからではないかと。

しかし、総人口の減少と、女性が子どもを産むか産まないかということの間には、直接的で単純な因果関係があるとは言えないのだ（そのからくりについては、後ほどデータを見ながら詳細に説明する）。

では、なぜ少子化という現象が起きているのか。この問題に答えるために、ただ人口が減少したという事実や、経済が停滞し格差が拡大しているという現象を分析しても、ほとんど意味のない、頓珍漢な処方箋を書くことになるだけである。急激な肥満の原因をつきとめるために、その患者が運動不足であることを指摘することは多いが、多くの場合、運動不足は肥満の原因ではなく、結果なのである。肥満の直接の原因は過剰摂取なのだろうが、なぜ過剰摂取をするようになったのかについては、簡単な答えは見出しにくいだろう。心理的な要因、ストレス、生活のリズムの変調、過剰消費などなど、様々な要因が重なり合っている。さらに観察してみれば、ストレスも、生活のリズムの変調も、それに先立つ環境の変化の結果なのである。この糾《あざな》える縄のごとき原因と結果の結ぼれを解きほぐすことは、容易ではない。

社会の長期的な変化についても同じことが言える。わたしたちは、社会現象として現れる様々な変化を前にして、多くの場合、原因と結果を混同してしまうことになる。人口減少は、経済の停滞や、高齢化という現象を伴うだろうが、それらは人口減少だけが原因ではない。人口減少が時代変化の原因なのではなく、人口減少という現象そのものが、時代変化の結果なのである。端的に言って、それは文明の進展の帰結として起きている現象である。

もうひとつ、わたしたちが陥りやすいことがある。それは、上記のような現象に対して、善悪の物差しを当ててしまうことである。もし、人口減少が「悪」であると決めつけてしまうならば、誰でも、人口減少を即座に食い止めなければならないと思うだろう。しかし、それは、誰にとっての「悪」なのか。

当たり前の話だが、人口が増えることも減ることも、本来的に善悪の問題ではない。問題は、なぜ、どのようにして、文明の進展が、人口減少という結果を作り出したのか、人口減少の結果、経済はどのように動いていくのか、その理路を探り出すことである。

人口減少に伴って、社会構造、産業、集団的意識や規範といったものも、ほとんどその変化に気付かないうちに、今とは別なものにとって代わられることになる。もちろん、そのような変化に抗う勢力も少なくはない。しかし、変化に対抗することもまた文明史的な必然である。こういった長期的スパンで引き起こされる変化は、変化を促す勢力と、変化を阻止しようとする勢力とが、お互いの生存を賭けて相争うことになる。たとえば、国民経済の分野では、少子・高齢化し、成熟した社会において、成熟社会にふさわしい定常経済を唱えるものたちと、なお、経済成長戦略を掲げるものたちの、苛烈な闘争が起こる。いや、すでにそれは起きているのだが、しばらくの間は、お互いに何を争っているのかも分からないことが多いのである。

たとえばそれは、社会主義的な分配の経済と、資本主義的な自由な経済との間の正当性を争うような争いだと思ったり、大きな政府と市場原理という相反する統治システムの間の争いだと思ったりする。しかし、この問題は、そうした二者択一の中に正解を求めるような問題とは、次元の異なるものなのだとは、考えない。

二者択一を議論している間に、現実の方が答えを先に出してしまうのである。たとえば、市場の動き自体は、すでに定常化へ向かいつつあり、当面の間、経済対策でこれを再び成長軌道に乗せることは難しい。アベノミクスのような強引な量的緩和政策を用いても、物価上昇にはつながらないのだ。

現在の政権は、これを「デフレからの脱却」という文脈で解決しようとし、その結果、無駄な政策を並べる。今、商品市場で起きていること。商品価格が上がらず、需要も縮小し、活発な投資も控えられている状態は、デフレということなのだろうか。デフレとは、消費と生産のバランスの失墜である。市場の原理がうまく働かなくなって、必要以上の生産が行われ、物価がスパイラル的に下がっていく。

ところで、デフレの解決は、経済成長以外にはないと信じている人は多い。しかし、この信仰には意味がない。それはデフレの解消は、インフレだと言っているのと同じことだからだ。つまり、何も言っていないに等しい。デフレもインフレも、経済政策によって調整できるかのような幻想がある。金利政策にせよ、財政政策にせよ、それらが効果を発揮するのは、限定的な条件の下でしかない。市場が健全に機能しており、信用収縮が起きておらず、人間の生存を支えているインフラは不変であるという条件が整わなければ、金融政策も財政政策も、その効果は極めて限定的だと言わざるを得ないのだ。

経済成長それ自体は、政府与党も、野党ももちろん歓迎する。ＯＥＣＤの指摘を待つまでもなく、経済成長は様々な問題解決に寄与することになるからである。しかし、長期的な人口減少フェーズにおいて、経済成長をと言うことは、現実から目をそらして、ただ希望を述べているに過ぎない。「現実に満足して敗北するのか、それとも希望に賭けるのか」。ほんとうは、そんな問題ではないのに、この問題に限っては、いつもそのような二者択一の議論へ論点がずれていってしまうのである。

人口減少は問題なのか

なぜ人口減少が起きたのか。それはいつまで続くのか。人口減少社会が経済に及ぼす影響はどの程度のものなのか。そもそも、人口減少にはどんな意味があるのか。それが明らかにならない限り、人口減少が、果たして「問題」なのかどうか分からない。もし、それが「問題」だとするならば、それは誰にとってのどのような「問題」なのか。

文明史的な転換期に生起する出来事に対して考える場合、転換以前のパラダイムのなかで流通可能だった思考（人口増大局面における考え方）から離れる必要がある。日本の成熟国としてのモデルを描こうとする場合でも、それは同じだ。戦後75年間の経済成長段階の思考であった「成長戦略」「選択と集中」「企業利益の最大化」「効率化による生産性向上」といった観念から離れなければ、有史以来の人口減少社会がどういうものになるのかについての、正しいイメージを持つことはできないだろう。中世のヨーロッパにも、江戸時代の日本にも、「成長戦略」もなければ「企業利益の最大化」という概念もなかった。そこにあったのは、「存続」してゆくことへの工夫であり、ひとびとにとっては生き延びてゆくことが第一義的な課題だった。そのためには、今日と同じ日が、明日も訪れてくれることが重要なことだった。

わたしの言いたいことは、「成長」は普遍的な価値でもなければ、唯一の選択肢でもないということである。

当たり前のことだが、成長しながら成熟することはできない。成長は子どもの特権であり、国家で言うならば発展途上段階特有の現象だということだ。

産業に関しても同じことが言える。得意分野の効率最大化をしながら、同時に雇用の充実や公平な再配分はできない。なぜなら効率最大化とは、人的資源の選択と集中ということであり、当然のことながら産業全体における公平な再配分とは相性が悪い。

社会保障についても同じである。老人に対する福祉政策を充実させながら、競争原理に基づいた生産性の拡大を目論むことはできないのだ。

つまりは、ブレーキとアクセルを同時に効かすことはできない。にもかかわらず、現在の経済政策や、福祉政策を見ていると、まるでブレーキを踏みながら同時にアクセルを全開にしているような光景が目に付く。これもまた、経済成長への志向と、福祉充実への志向を同時に実現しようとするために起きる倒錯である。倒錯的な政策を続ければ、社会は混乱し、分断されることになる。向こう何十年かは、こういった移行期的な混乱が続く他はない。

ブレーキと、アクセルという喩えをしたが、この移行期的な混乱について、それが本当のところ、どのような結果を生み、どのような未来を描き出し、どのように収束してゆくのか、今はまだ誰も明確には分かっていない。ただ、重要な変化が起きつつあるのだという予感だけは誰もが共有している。確かに、明確かつ具体的な未来は描けない。しかし今、わたしたちの目の前で、何が起きつつあり、それが何によって起きているのかについてのできうる限り精緻な見取り図を描くことはできるだろう。

図表1が、示しているのは、まさに文明移行期の断面である、総人口の減少の様子である。今のところ、それがなぜ、どのように重大なことなのかに関しては、若干意見が分かれている。

人口減少は、有効労働人口の減少と人口構成の老齢化も意味しており、税収の低下や医療費や介護費が増大することに直結している。これを強調するものにとっては、人口減少は、経済的理由によって、由々しき問題であるという認識になるのは理解できる。確かに、経済

長期的な人口の推移と将来推計

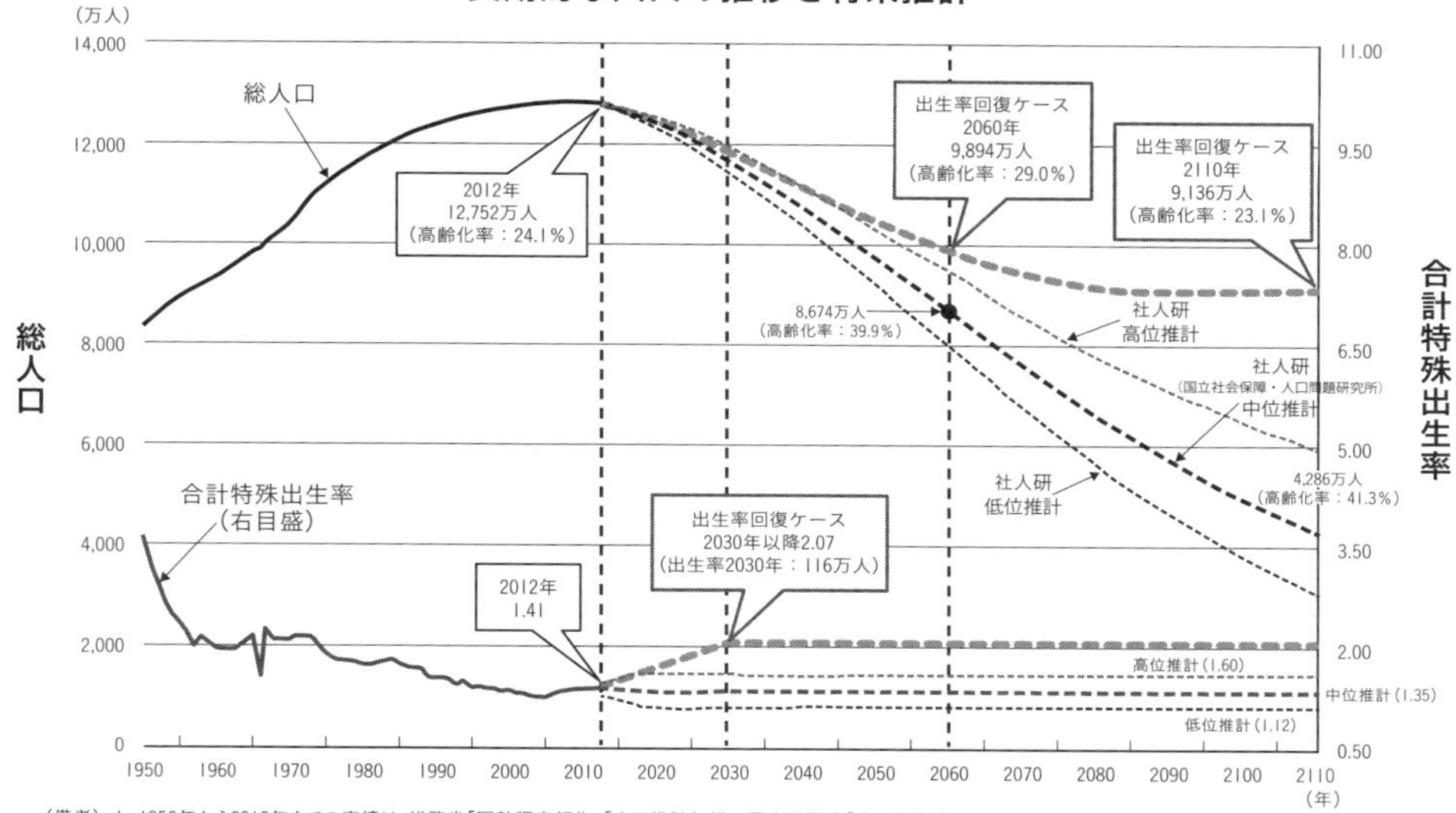

(備考) 1. 1950年から2012年までの実績は、総務省「国勢調査報告」「人口推計年報」、厚生労働省「人口動態統計」をもとに作成。
2. 高位推計・中位推計・低位推計は、国立社会保障・人口問題研究所「日本の将来推計人口(平成24年1月推計)」をもとに作成。
3. 出生率回復ケースは、2012年の男女年齢別人口を基準人口とし、2030年に合計特殊出生率2.07まで上昇し、それ以降同水準が維持されるなどの仮定をおいて推計。

図表1　総人口の推移
出典：内閣府 HP（平成26年2月14日）

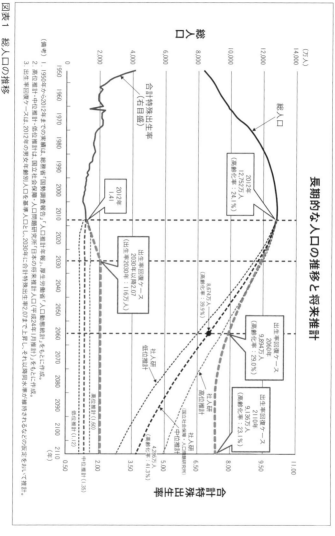

成長を国策として掲げていれば、人口減少圧力は、経済の成長にとっては非常に重要なマイナス要因であることは疑えない。だから、まず何よりも、人口減少を食い止めるための方策を講じる必要があるというわけだ。

わたしは、少し違った見方をしている。

まずは、そのことをご説明したいのだが、そのためには、いくつかの前提を読者と共有する必要がある。

前著『移行期的混乱』(筑摩書房)において、わたしは、超長期的な人口動態において、驚くべきことが二つあると書いた。ひとつは、もちろん急激な人口減少が今の日本に起きているという単純な事実である。しかし、そのこと以上に重要なことは、日本は歴史が始まって以来、このようなドラスティックかつ長期的な人口減少を、一度も経験してこなかったということである。わたしは、もし驚くべきことがあるとすれば、後者の、歴史始まって以来のことが起きているということであると書いた。このことは、世界の先進国における長期的人口動態を観察しても、同じことが言える(ヨーロッパの超長期的人口推移は、45頁図表6を参照)。つまり、人類はその進化と成長の過程で、はじめて自然人口減少の時代に直面している。

ところで、発展途上段階にある国家群においては、依然として人口増大が続いている。

二つの相矛盾する現象が、同時に進行しているのである。これを統一的に理解するためには、人口減少とは文明史的な出来事であり、発展段階のことなる二つの地域が存在していると考えなくてはならない。人口増大も文明史的な断面であり、人口減少も文明史的な断面なのだ。

それはひとつの仮説であるが、考えてみるに値する。もし、文明発展と人口動態のあいだに、相関関係があるとするならば、わたしたちの疑問はおよそ次の二つに収斂されることになるだろう。

なぜ文明の発展のある段階で、人口増大や人口減少という現象が起きるのだろうか。

それは、どこまで続き、何によって転換するのだろうか。

経済的不安説

これらの問いの答え方に関しては、いくつかの推論が成り立つ。

最初の問いである、なぜ、人口増大や人口減少という現象が起きるのかということに関して、すぐに思いつくのは、経済的な理由である。

人口減少という現象について考えるときに、女性が子どもを産まなくなったのは経済的な不安があるからだという考え方がある。家計収入の減少によって、将来にわたって子どもを育てていくだけの経済的余裕を確保できないとの理由から、女性は子どもを産まなくなったという説明は、今日かなり一般的に流布している。これとほぼ同じようなものとして、将来に対する不安というものがある。これは、公害や、戦争といった社会的混乱に対して、女性が悲観的な展望しか持てなくなっており、子どもの将来に対して、親としての責任が持てないというものである。女性は、将来の社会的不安を身体的に直感して、子どもを産むことを拒否しているというのである。

こういった経済的・心理的不安説を裏付ける統計的なデータは存在しない。確かに、街角でインタビューすれば、多くのひとびとが経済的な不安を言葉にすることになる。街角でアンケートをとれば、「経済的に子どもを産む余裕がないから」という理由が上位に挙がってくる。しかし、こうした「街の声」は、しばしば後付けの理由だったり、他に理由が見つからないのでとりあえず手近な理由を見つけ出したに過ぎなかったりする。

一見「実証的」な「リアルな数値」に騙されてはいけない。アンケート結果は、アンケートに答えたひとびとの主観の集合でしかない。

わたしたちは、浪費を控えようと思いながら、つい浪費をしてしまうような存在である。

もう酒を呑むのは止めようと思いながら、つい酒場の暖簾を潜ってしまう。

子どもが欲しいのに、経済的な理由でバースコントロールをせざるを得ないという女性はいるだろう。ただ、それは、どんな時代であっても、何らかの理由で、産みたくとも産めないという女性が一定数いることを示しているに過ぎないのではないか。そうした状況が、統計データとして意味を持つためには、全ての年代の女性に対して、子どもを産む機会があったのに、それを断念した理由が何であったのかを尋ねなければならない。

そのような聞き取りは現実的には出来ないだろうし、仮に出来たとしても、収集可能なデータは、どこまでいっても、事後的に思いついた理由の集合に過ぎないという可能性を排除できない。つまり「産まない理由」の統計はとれたとしても、信憑性に欠けるものであり、それが実際の産まない理由なのかどうかは疑わしいということになる。

わたしは、統計的な推論というのであれば、日本の歴史始まって以来一度も、人口減少を経験していないという事実に注目すべきだと思う。歴史の中には、経済的困窮の時代や、将来不安の時代はいくらでもあったはずである。それにもかかわらず、今日的な長期的人口減少は起きていないのである。つまりは、これまで幾度も語られてきた上記の理由が、実は成り立たないということを示しているということではないのか。

もう少し、精緻に統計数値を追ってみれば、このことは明らかになる。

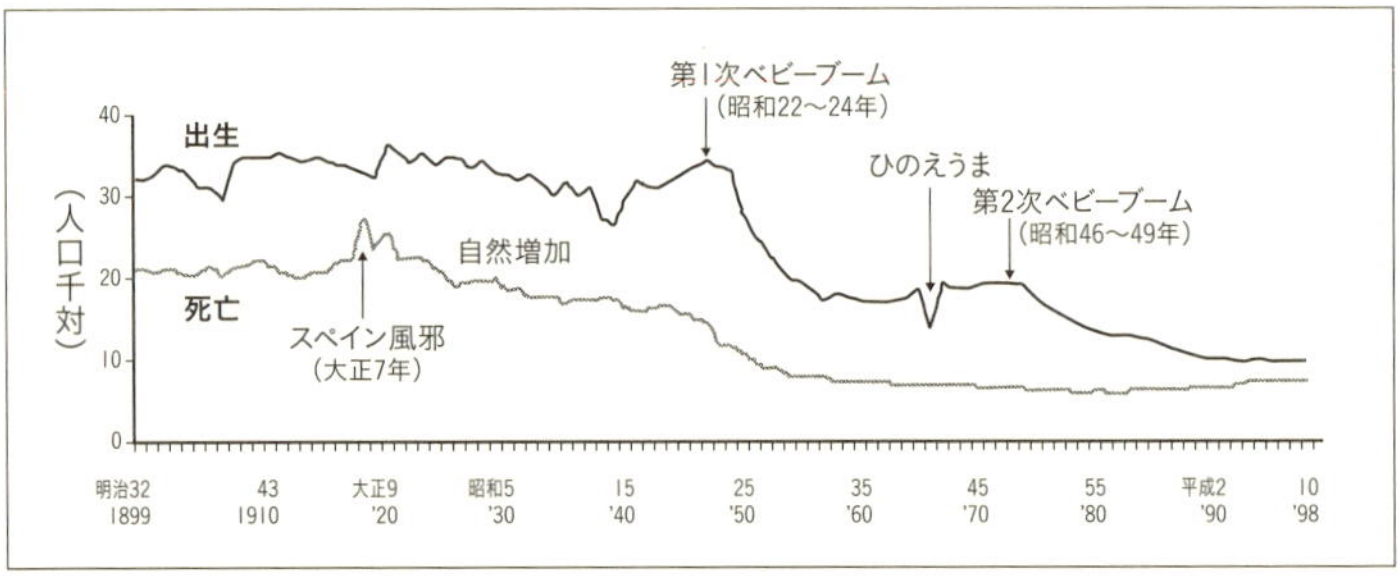

図表2　人口動態総覧（率）100年の年次推移（明治32年－平成10年）
出典：厚生労働省HP「平成10年　人口動態統計月報　年計（概数）の概況」
http://www1.mhlw.go.jp/toukei/10nengai_8/hyakunen.html

日本を例にとれば、これまで家計的に経済的不安が増した時期などは、いくらでも見つけ出すことができる。近いところでも、1929年の世界恐慌による大不況のもとで、企業倒産が相次ぎ社会不安が増大したが、出生率は下がらなかった。1930年には農業恐慌となり、農村部の窮乏が激しく、それをひとつの理由として、日本は満州に新しい経済的基盤を作ろうとした。勿論、満州国建設の理由はそれだけではないが、この時代の社会不安は大きく、日本は以後戦時体制へと移行し、日中戦争、太平洋戦争へと突き進んでいった。1929年の大恐慌から、1945年の敗戦までの長期にわたって、社会不安と経済的窮乏は続いたのである。しかし、この間に出生率はむしろ上がっている。出生率は、戦時中も上がり続け、終戦後の昭和22年から24年までの、食うや食わずの生活下にあって、空前のベビーブームが起きてい

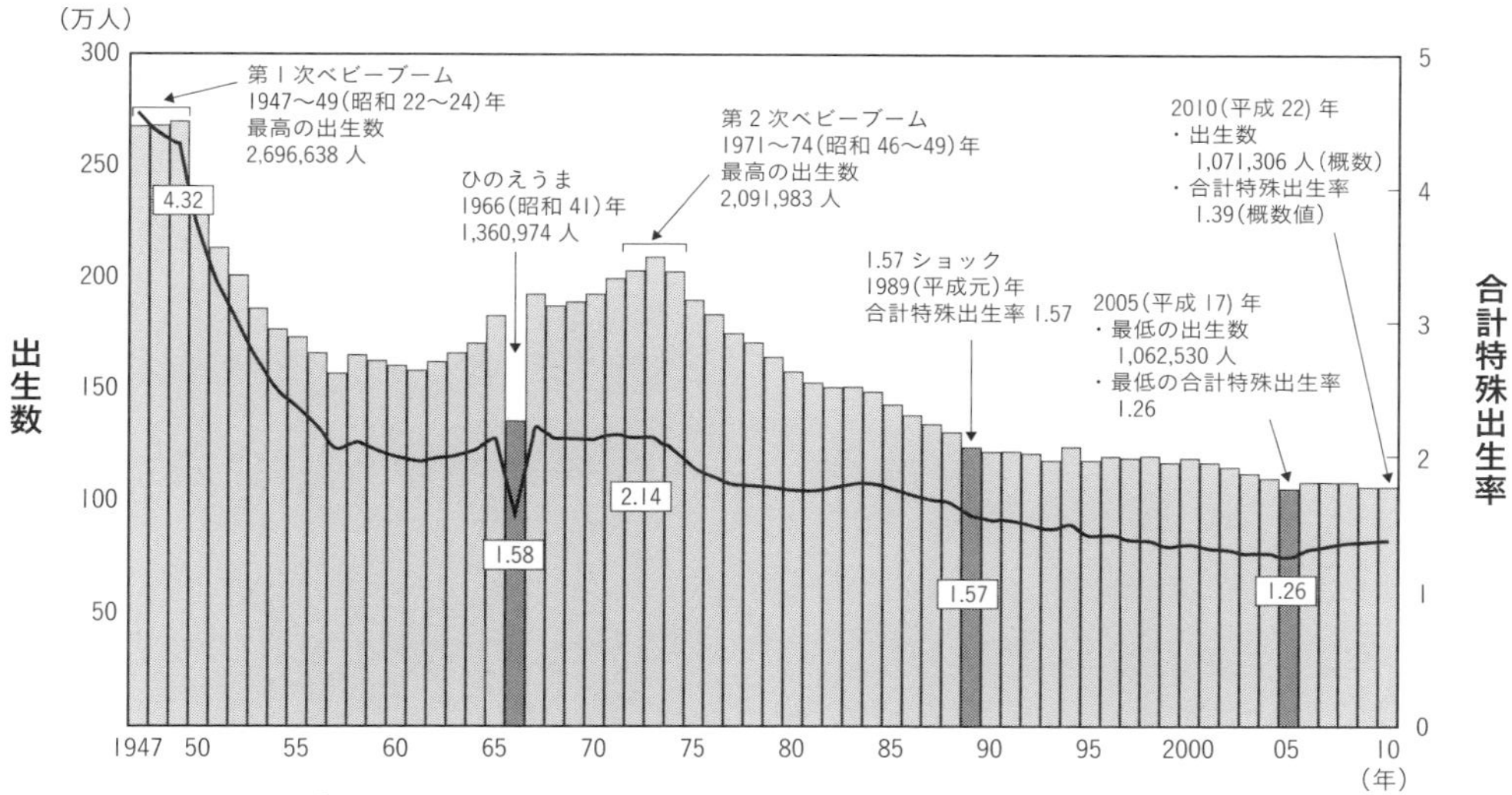

資料：厚生労働省「人口動態統計」
注：1947〜1972年は沖縄県を含まない。
2010年の出生数及び合計特殊出生率は概数である。

図表３　出生数および合計特殊出生率の年次推移
出典：内閣府 HP
http://www8.cao.go.jp/shoushi/shoushika/whitepaper/measures/w-2011/23webhonpen/html/b1_s2_1_1.html

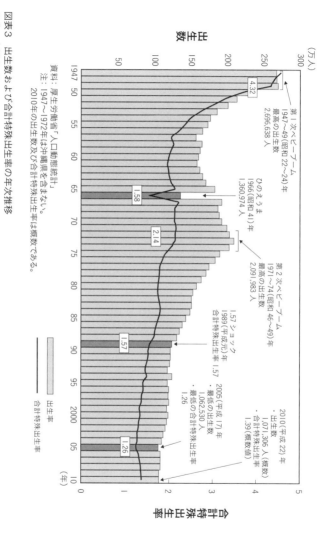

る（図表2）。このことだけを見ても、経済的理由や、将来に対する不安から女性が子どもを産まなくなったという説明が、あまり当てにならないということが分かるだろう。

長期的な傾向を調べれば調べるほど、経済的要因や、社会不安は、人口動態を決定する主因にはならないと言わざるを得ないのだ。

ここで、これまで誰も疑いを持たなかった、根本的な問題について、もう一度、確認しておく必要がある。その問題とは次のようなものである。

そもそも、女性が子どもを産まなくなったというのは、本当なのか。

本当に女性は子どもを産まなくなったのか

わたしたちは、外形的な出生率低下、総人口の減少という現象をとらえて、「女性が子どもを産まなくなった」と結論してしまうのだが、果たしてそれは本当なのだろうか。

驚くべきことだが、結論から述べれば、女性は子どもを産まなくなってはいない。

たとえば、30～34歳の女性の出産状況を、年代別に比較してみればそのことはすぐに分かる。

左図（図表4）は、母親の年齢を5歳ごとに分けて、それぞれの年齢ゾーンの母親が何

母の年齢	昭和60年	平成7年	12年	17年	19年	20年	21年	22年
総数	1,431,577	1,187,064	1,190,547	1,062,530	1,089,818	1,091,156	1,070,035	1,071,304
14歳以下	23	37	43	42	39	38	67	51
15～19	17,854	16,075	19,729	16,531	15,211	15,427	14,620	13,495
20～24	247,341	193,514	161,361	128,135	126,180	124,691	116,808	110,956
25～29	682,885	492,714	470,833	339,328	324,041	317,753	307,765	306,910
30～34	381,466	371,773	396,901	404,700	412,611	404,771	389,793	384,385
35～39	93,501	100,053	126,409	153,440	186,568	200,328	209,706	220,101
40～44	8,224	12,472	14,848	19,750	24,553	27,522	30,566	34,609
45～49	244	414	396	564	590	594	684	773
50歳以上	1	–	6	34	19	24	20	19

注：総数には母の年齢不詳を含む。

図表4　母の年齢別出生者数推移（5歳階級）
http://www.mhlw.go.jp/toukei/saikin/hw/jinkou/kakutei10/dl/08_h4.pdf

人の子どもを産んでいるのかを示した表である。これによれば、30～34歳女性の、昭和60年（1985年）の出生数は38万1466人であり、平成22年（2010年）の出生数は38万4385人と2919人増加しているのだ。もちろん、それぞれの年代の母親の総数（母数）を見なければ、出生率が上昇しているのか、減少しているのかは分からない。昭和60年の同年齢ゾーンの女性人口は464万8000人（総務省統計局調べ）であり、平成22年では、414万7503人と、若干総数は減じている。母数が小さくなっているのに、出生数は増加しているのである。

なんと、30～34歳という年齢ゾーンだけ見れば、出生率は上昇しているのである。差し当たり、このことから確認できるのは、少子化という現象は、30～34歳という年齢ゾーンに入っている女性には起きてはいないということだ。

これは驚くべきことではないだろうか。いや、驚くに値しない、ごく普通の出来事なのだと現在のわたしには思えるのだが、「女性が子どもを産まなくなった」といった俗説があまりに広範に流布しているために、わたしたちはてっきり、全女性が少子化傾向にあるのだとばかり思っていたのではないだろうか。

では、にもかかわらず、なぜ全体としては出生率が低下し、少子化傾向になるという結果になるのだろうか。

ここで鍵になるのが、30〜34歳という年齢ゾーンである。

年齢ゾーンをもう一段階上の、35〜40歳の数値を見ると、昭和60年に対して平成22年は、なんと倍以上の出生数となっている。つまり、30歳以上の女性ということで見るならば、どの年代においても、少子化傾向は現れておらず、出生数はむしろ増加しているのである。その理由は、様々だろう。医療の進歩や、晩婚化、経済的余裕などなどが考えられよう。

ところが、年齢ゾーン25〜29歳を見ると、昭和60年（1985年）から平成22年（2010年）までの25年間で、かなり激しい少子化傾向が現れる。

この理由は簡単である。

昭和60年時点での女性の平均結婚年齢は25・5歳であり、平成22年でのそれはほぼ29歳になっている（図表5）。つまり、25〜29歳という年齢ゾーンは、かつては既婚者だった女性が、現在は未婚者になっているゾーンであるということである。30〜34歳というゾーンはかつても今も既婚者が多く含まれるゾーンであり、既婚女性においては、少子化は全く当てはまらない。

つまり、少子化とは、30歳以下の若い女性において起きている現象であり、その原因は、

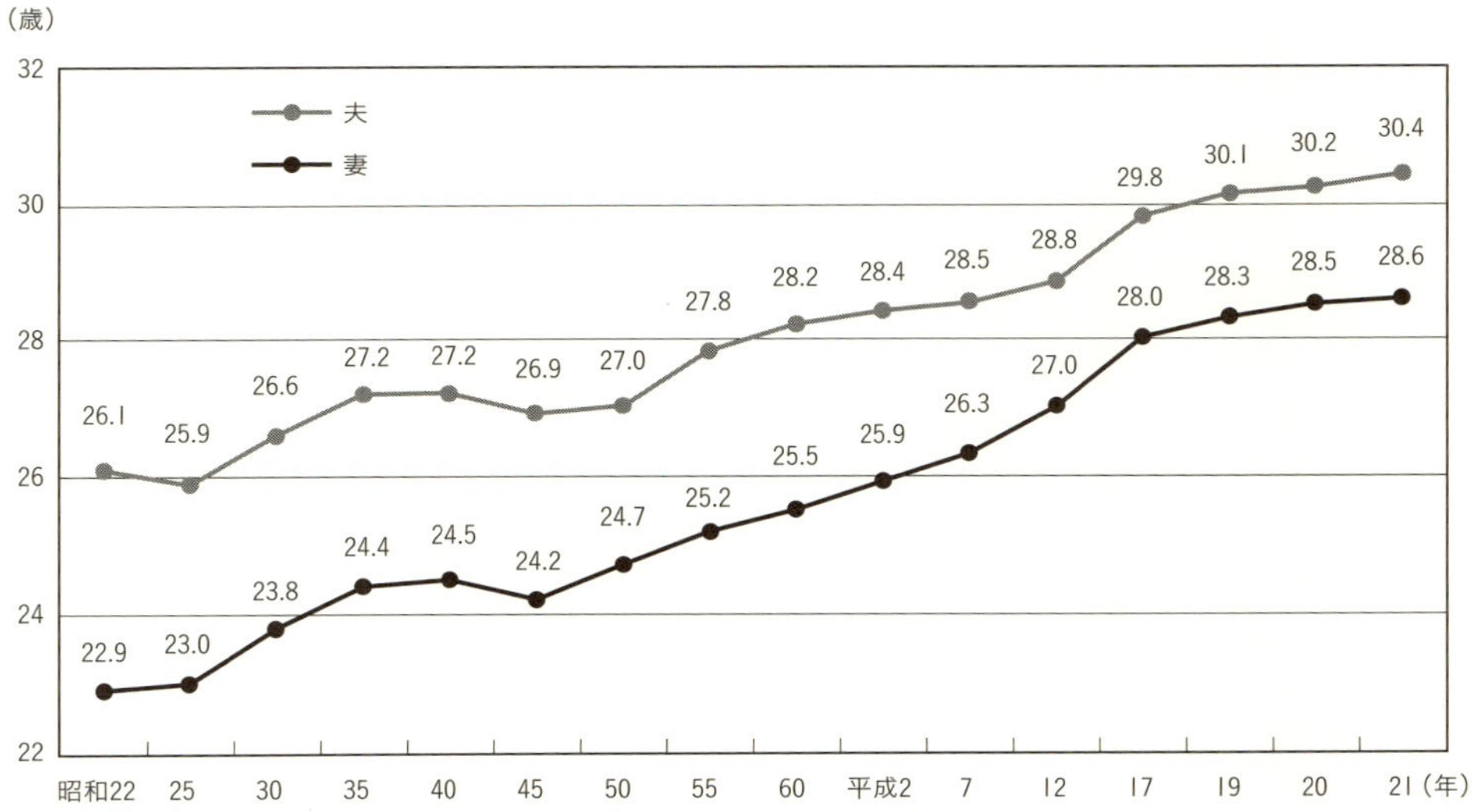

注：　昭和47年以前の数値には沖縄県は含まれない
資料：厚生労働省「人口動態統計」

図表5　平均初婚年齢推移
出典：内閣府 HP
http://www8.cao.go.jp/youth/whitepaper/h23honpenhtml/html/zuhyo/zu1103.html

30歳以下の女性の非婚化、言い換えるなら晩婚化が、その原因だということなのである。

出生率が低下した理由は、実は難しいことではないのだ。

ただ、結婚年齢が上昇し、結婚期間が短くなったに過ぎない。

しかし、なぜ結婚年齢が上昇したのか、その理由は単純でもなければ、易しくもない。

マルサスの時代の人口問題

人口論のパイオニアともいうべき、ロバート・マルサスは、食物と人間個体の増加の関係から、人口は級数的増加をするが、食物は算術的にしか増加しないので、やがて人口増加に何らかの制限を加えなければ、食物を食い尽くしてしまうことになると考えた。逆に言うなら、人口を制限することができるのは食料だけだということである。人口減少時代を迎えた今日ではほとんど顧みられなくなったマルサスの人口論だが、かれの観察は、半分は当たっている。食物は自然の贈与物であり、それらは繰り返し人間の世界に贈与されるが、一方的に増加することはない。自然の収穫には収穫逓減の法則が働き、あるところで収穫の総量は頭打ちとなる。できるのは、生産性を上げていくことだけであり、それだけでは人口増加の驚異的な伸びに追いつくことはできないと、マルサスは考えたのだ。増え過ぎた人口は、食糧争奪競争を必然化して、弱者はやがて淘汰され、人口と食料の均衡点を過ぎれば、危機的な事態が起きることになる。

マルサスが人口論を書いたのは1798年。マルサスが、このように考えたのは、ヨーロッパが産業革命期にあたり、人口が爆発的に増加しているときであった（図表6）。マルサスにとっても、この時代の誰にとっても、人口増大こそが喫緊の問題なのであって、人口減少の問題は、考える必要もないし、考えても意味のない問題だった。そもそも人口減少という観念すらなかったといえるだろう。

マルサスが、人口増加が、資源供給を上回り、資源争奪が貧富格差を生み、さまざまな問題を引き起こすことになると考えたのは、当時の状況から考えれば、当然のことであった。しかし、現実にはマルサスの予想は、半分しか当たらなかった。疫病や戦争による一時的な人口減少はあっても、ヨーロッパ先進国人口は長期的に見れば増え続けたが、2000年に前後して、突如として総人口の停滞、減少という反転現象が起きたのである。同じことが、戦後急速に近代化した日本においても起きる。しかも、その変化はヨーロッパにおける変化よりも急激かつ長期的なものであった。

マルサスの人口論は無意味となったのか。いや、そうではないだろう。ただ、マルサスの考えたように考える必要はなくなったということである。しかし、マルサスが基準的な指標

ヨーロッパの超長期人口推移

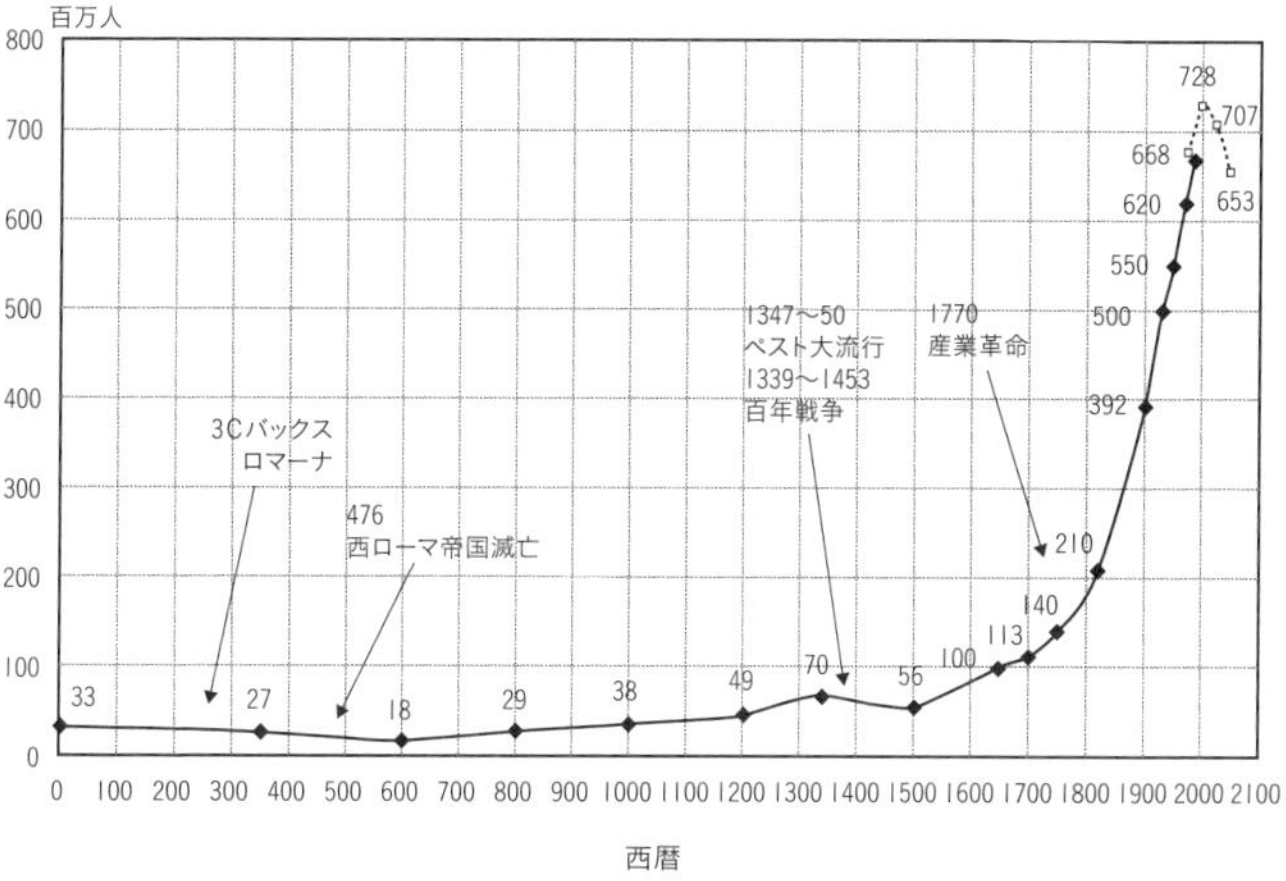

注：　過去推移はウラル山脈以西の地域をヨーロッパとしている。点線は国連による将来推計人口(2004年改訂)。

資料：T.G.ジョーダン「ヨーロッパ文化」(原著1988)、人口問題・社会保障研究所「人口統計資料集」2006年版。

図表6　ヨーロッパの超長期的人口推移
出典：社会保障研究所「人口統計資料集」2006年版

とした、人口と食料の関係は、依然として重要な意味を持っている。ただし、人口と自然資源との間に、ひとつの補助線を入れる必要がある。ごくおおざっぱに言えば、文明の進展と深く関係する人間の生存様式そのものが、人口にも自然資源にも多大な影響を与えるということを考慮する必要が生じてきたのである。

人間の生存様式とは、どういうことを意味するのか。端的に、それは家族形態のことである。

「マルサスの人口論は、歴史の中で繰り返し修正され更新されてきている」と、イタリアの人口論の大家マッシモ・リヴィ‐バッチは言っている。しかし、それらは未だに有効であるとして、そのエッセンスを次のようにまとめている。

1　資源の第1は食料である。その欠乏は死亡率を増加させ、人口増加を遅らせ（あるいは逆に減少させ）、そして均衡を回復させる。

2　収穫逓減の法則は回避不可能である。人口増加への対応としての新たな土地の耕作や労働集約の増大は、土地あるいは労働の追加1単位当たりの算出高を徐々に減少させるだけである。

3　発明とイノベーションによる生産あるいは生産性の増大は、一時的な救いしかもたらさない。いかなる利得も、人口増加によって不可避的に相殺されてしまうからである。

4　人口増加と積極的制限の悪循環に気づくならば、ひとびとは結婚の抑制によって自らの多産さを（そしてそれゆえに人口増加を）抑制することができるかもしれない。

（『人口の世界史』マッシモ・リヴィ－バッチ／速水融・斎藤修 訳、94頁）[*1]

このリヴィ－バッチのまとめで、注目すべきは4の、結婚の抑制である。なぜなら、戦争や、疫病による人口減少（これをマルサスは積極的制限と呼んだ）を除けば、今日の人口減少に対する省察としては、1～3のどれもが部分的な適合性を認められるに過ぎないのに対して、4番目の結婚の制限は、現実的でもあり、今日の少子化の原因ともいえる晩婚化とも符合する事実であるからだ。わたしたちが、マルサスの人口論を更新するとするならば、それは当初マルサスが考えていたような、食物と人口という2項のアンバランスに注目するのではなく、結婚の制限もしくは晩婚化こそが出生率に影響を与えるというアイデアにこそ注目することになるだろう。しかし、結婚の抑制というものがどのようにして起きるのか。その理路はこのリヴィ－バッチの言葉からは窺うことができない。

今日のひとびとは、この4の仮説から、中国の「一人っ子政策」を思い出すことになるかもしれない。この政治的な圧力は、確かに一定の効果を持ったが、中国は2015年10月に「一人っ子政策」を解除している。「一人っ子政策」のような強引な人口抑制は、人口構成に急激な変化をもたらし、家族の変容や、世代間の人口バランスを崩すなどの問題を引き起こす。また、それがあまりに急激な場合には、特定の年齢人口に窄《さく》ができてしまい、それがまた社会的、経済的な安定性を損なうといった問題に直結することになる。

現在、多くの自由主義陣営の国において、人口減少は、このような政治的な人口計画によって起きているのではないことは明らかである。それはあたかも、国民国家の歴史の必然として起きている現象のように見える。人口減少は先進国国民国家に限られている現象であり、地球規模ではまだ人口は増え続けている。

そうだとすれば、先進国国民国家において、どんな必然が、少子化を準備したのだろうか（このことは、これ以後、日本の場合を例にとって詳述していく）。その「必然」を探ることが本稿の最初の目的となる。

エマニュエル・トッドの慧眼

上述したようなマルサス的な解釈とは全く違う、人口動態仮説を提示したのが、エマニュエル・トッドである。

人間が、より正確に言うなら、女性が読み書きを身につけると、受胎調節が始まる。現在の世界は人口学的移行の最終段階にあり、二〇三〇年に識字化の全般化が想定されている。

（『帝国以後』エマニュエル・トッド／石崎晴己訳）[*2]

トッドは、人口動態の文明史的な側面を強調する。男性識字率が上昇している段階では人口は増加し、次に女性識字率が上昇する。女性識字率上昇が一定の段階を超えると一転して、出生率の低下が始まるという仮説を提示している。1981年の段階で、世界全体の出生率指数は、3・7と非常に高く、地球の人口は急速に拡大していたが、2001年には、この指標は2・8に落ちた。トッドは、2050年には、世界の人口は安定化し、均衡状態に入ると予測している。そして、人口の減少と増加が均衡するまでのあいだを「移行期」と呼んでいる。

この大衆識字化と受胎調節というふたつのパラメーターは、低開発から離脱しつつある人類の姿を浮き彫りにしているが、この人口学的移行のプロセスは、危機を伴い、不安定化した住民は暴力的な社会的・政治的行動様式を示すというのである。そして「精神的近代性への上昇には、しばしばイデオロギーの暴力の暴発が伴う」と述べている（前掲書）。

エマニュエル・トッドは、2010年から2011年にかけて、チュニジアに起きた民主化革命（ジャスミン革命）について、かつては高かった同地の出生率が、欧米と同水準まで低下したこと、および識字率の上昇に注目すべきである、という発言をしている。トッドの人口動態仮説によれば、出生率が低下し、識字率が上昇すれば、通常は近代化へ向けて社会変動が起きるが、そうならなかったのは内婚（いとこ同士の結婚）率がブレーキになっていたためであると説明している。内婚率の高さが、家族形態の崩壊の歯止めになっていたわけだが、近年、若い世代の間で内婚が時代遅れとなり、外婚時代に入った。この家族形態の変化が、長年閉ざしていた社会を解き放ち、「個人」を出現させた。それが、民主化への大きな原動力となったと言うのである。

息子は文字が読めるけれど父親は読めない、そういう瞬間がやって来ます。それは権威関係の破綻を引き起こします。しかも家族の中だけでなく、暗に社会全体のレベルでそうなるのです。もちろん、父系で、女性の立場が男性に比べて極めて低いアラブ社会の場合には、それ（出生率）は決定的に重要な変数です。

（『アラブ革命はなぜ起きたか』エマニュエル・トッド／石崎晴己訳）[*3]

トッドの人口動態と社会変動との間の相関分析には、意表を突かれる。国民国家が低開発の状態から抜け出し、開発途上を経て、安定期に至る国家成長の結果として、社会の変質が起き、それが人口減少を起こすという人口減少の「必然」が語られていたからである。

わたしは、ここにこそ、日本における人口減少という現象を説明するヒントが隠されていると思う。それは、あくまでも直観に過ぎないのだが、この直感を論理的に説明するためには、日本の歴史、とりわけ、経済と、家族がどのような歴史を辿ってきたのかを考証してゆく必要がある。経済の歴史については、前著『移行期的混乱』の中で行ってきたが、家族・生活の問題に関してはまだ十分に説明しきれているとは言えなかった。本書では、これ以後、この家族の問題と、さらに、集団的意識変化の問題を中心に考えていきたいと思う。

第2章
家族の変質と人口増減

江戸時代の人口増大と人口停滞

日本において総人口が爆発的に増加するのは、明治維新以後であり、出生率の低下が始まったのは、大戦後、つまり1945年以降である。戦後のGHQによる民主化改革は、日本にヨーロッパや、アメリカの「個人」という概念を普及させた。それ以前は、戦前も、戦中も「個人」という考え方は一般庶民にとっては、ほとんどなじみがなく、「イエ」が社会の最小単位であるという考え方が一般的であり、女性はイエに半ば縛られている存在であった。イエの存続のために嫡子をもうけることが、女性の重要な役割のひとつだと考えられていたわけである。

少子化が政治の場で問題になり始めた2007年、柳澤伯夫厚生労働大臣（当時）は「女性は産む機械」という発言を行って世の顰蹙を買った。当初はわたしも、なんという頓珍漢なことを言うのだと、このひとの見識を疑ったが、こういった認識それ自体は、氏の世代の男性にとってはそれほど突飛なものではなく、むしろ本音が漏れたということかもしれないと思うようになった。問題は、こうした認識がどこから生まれ、どのようにして日本人に内面化していったのかということだろう。

封建的な価値観が支配的だった時代は、結婚もまた、イエ同士の結合の儀式であり、家父長の承認なしに個人が自由に、結婚相手を選択することは許されていなかった。個人が、お互いの家（家父長）の気持ちを忖度することなく、自由に結婚相手を選ぶこと（つまりは自由恋愛）は、掟破りであり、冒険的行為であるとみなされていたのである。

江戸時代、武士階級にとっては、結婚はとりわけ家の存続のためという意向が強く働き、親や主君による「命令結婚」が一般的であった。「武士の家に生まれた者は、男でも女でも、皮一枚にすぎない顔かたちなどにとらわれてはならぬ、と教えられて」きたのである（杉浦日向子『一日江戸人』より）。

町人、あるいは農民においても、多くの場合、許嫁《いいなずけ》は、親あるいは親戚の年長者によって選択され、個人はその「命令」に従わねばならないと考えられていた。この儒教的な長幼秩序の上に、兵農分離という政治的な制度が重なって、結婚に関する個人の自由は、さらに制限されるようになった。いや、個人の自由という概念それ自体が生まれるのは、戦後のGHQ改革まで待たなくてはならなかったはずだ。

もちろん、誰もが「自分の気持ち」「自分の欲望」「自分らしさ」というものは持ってはいただろうが、そうした自分発の感情が、そのまま行動規範として結びつくことはないし、むしろはしたなきこととして退けられていたのではないだろうか。

特に武士階級と、他の町人、農民といった身分差別の境界における結婚には不自由さがつきまとっただろうし、また身分帖に載るものと、それ以下の芸能者、遊女、被差別民との間の通婚は、ほとんど不可能であった。

当時の結婚にまつわる慣習は、今から考えれば、古臭く、封建的で、不条理なものと思われるかもしれない。しかし、それは現代の視点から見ての話であって、当時の日本においては、このような結婚の形態が、とりわけ不自然なものだとは考えられていなかった。他に比較するものが無かったのである。むしろそれは、当たり前のことであると考えられていた。

この権威主義的な家父長制のなかでは、当然のことながら、今日言うところの、人間の基本的な権利は大幅に制限されていた。いや、そもそも、「個人」という考え方自体が、ほとんどの日本人にとってはまったく馴染みのないものであり、意味のないものであった。近代化以前の日本には、「個人」などは、存在していなかったのだ。社会の最小単位は家族であり、ひとりひとりは家族を構成する部分でしかなかったわけである。

こういった、封建的な価値観は、アジアにおいてはかなり広範に分布していた。日本と同じ家族形態を持っている韓国はもちろん、日本とは異なる家族形態（外婚制共同体家族）を持つ中国においても、封建制および封建的価値観は、普通のこととして、受け入れられていただろう。しかし、人権思想や、個人主義的な思想がすでに確立していたヨーロッパ先進諸国においては（公民権を有するクラスに限ってという留保付きだが）、このような封建的価値観は受け入れがたいものであったはずだ。

封建的価値観と言ったが、それはわたしたちが、それ以外の価値観を知っているからこそ言えることである。

人間の自由、平等、基本的な人権。そのようなものを土台にして築かれる制度。民主主義。そういったものは、この時代の日本人たちにとっては、まったく思考の埒外なものであり、それゆえに自分たちが封建的な価値観や制度の中で生きていることを自覚することもなかったのである。

「個人思想」なき時代の個人

江戸期、浄瑠璃作者の近松門左衛門は、いくつかの心中ものを書いた。紙屋治兵衛と遊女小春の心中事件を題材にした『心中天網島』をはじめとする心中ものは、町人と遊女の道ならぬ恋を描写したもので、渡世の義理と、人情とで板挟みになりにっちもさっちもいかなくなる顛末が描かれる。

この時代のひとびとは、近松の心中ものや、世話物に熱中しただろう。近松の浄瑠璃の中には、現世では心中や、犯罪としてしか成就しない愛欲や権勢欲が描かれている。実生活のなかでは、決して表には出せない個人の欲得というものが、浄瑠璃の中に悲劇として描き出されている。はたして、現代という時代に、浄瑠璃の世界の人物に、どれだけの若者が共感できるのだろうかと思うことがある。

掟破りの恋愛の果てに心中を選ぶ。自分の不義密通を詫びるために自害せざるを得なくなる。遊女を身請けするために、店の金を盗む。

逆説的な言い方になるが、近松浄瑠璃の悲劇が成立するのは、この時代の常識や倫理といったものがあまりに強固で安定していたからではないだろうか。浄瑠璃の物語が描き出す心中や、姦通、仇討ちや、仕返しの場面を観ることで、現実には禁じられている、「個」としての情念が解放されるという体験だった。自由な「恋愛」は、その強固な社会秩序を破壊することなしには成就しない。この時代、儒教道徳が支配的であり、自分たちがその中で生きている精神的土壌や習慣といったものは、ほとんど宿命のようなものであり、ほかのかたちや、ほかの生き方があるとすれば、それは人の世の彼岸にしかなかったのである。

それほど、封建的な価値観は、日本人の精神の深層に埋め込まれており、身分制ヒエラルキーは反発や疑いの対象ではなく、宿命のようなものであった。これらの精神的土壌や、習慣は、身分ごとにそれぞれ色合いは異なっていたが、基本的には最小単位の家族が生き延びていくための最適化という目的へ、方向付けされていた。この価値観が明治時代になると、家制度として、戸主の権力や家督相続の権利を定めた法律となったわけである。

長子相続、権威主義という封建的な価値観は、竈《かまど》を同じくする家族を維持してゆくための最も基本的な思想として、江戸期以前より、連綿と受け継がれてきたといえるだろう。家の思想が生きている限り、主人は家を守るために死を賭して闘い、家族は、自らの欲望を封印して、主人に忠誠を誓うことを当然のように受け入れなければならなかった。この価値観は、日本人にとっての無意識として内面化されており、この無意識が解体されてしまえば、日本人を統合していた共同幻想は解体せざるを得ない。

西欧型の個人主義思想からみれば、このイエの思想は前近代的な君主制の思想そのものであり、受け入れがたいものであったのは当然だろう。君主制の打破から生まれてきた民主主義は、イエの思想とは本来的に相容れないのである。

イエの思想を、国家経営にまで拡張した天皇制国家主義は、ファシズムと同じ構造を持っていた。第二次世界大戦とは、家父長たる独裁者による人治政治と、個人の尊厳に基礎を置く共和制民主主義政治という二つの相反するイデオロギーの正当性の争いであった。

だからこそ、戦勝側であるGHQは、ファシズムと同じ構造を持つイエ制度を、まず最初に、解体させる必要があったのだ。そのためには、イエ制度の頂点にある天皇制を解体する必要があったはずである。しかし、天皇制を解体すれば、日本人を統合していた、共同幻想はずたずたにされ、敗戦国日本は無秩序状態に陥る危険性もあった。日本の無条件降伏を阻止しようとした、軍部によるクーデター未遂事件（宮城事件）のことも、ＧＨＱの頭の中にはあっただろう。

ＧＨＱは、天皇制を、明治憲法下のそれとは違う形で、日本にソフトランディングさせること、同時に、それまでの日本人にとっては夢想さえしていなかった個人主義的な価値観を導き入れることに腐心した。日本国憲法のＧＨＱ草案には、いくつかの相矛盾した問題に対して、現実的に適応しつついかに日本を無害化し、西欧的な価値観である民主主義を根付かせていくのかという、ニューディーラー達の苦心が読み取れる。

大日本帝国憲法にはなかった結婚に関する規定を、憲法24条に書き加えたことは、その象徴的な出来事だった。

憲法第9条にある戦力の放棄の文言は、現在からみれば多分に理想主義的ではあったが、日本という敵に武装解除させなければならないという政治的意味合いの濃いものであったはずだ。近年において、この条項の発案者として当時の総理大臣だった幣原喜重郎の名前が挙がり、またその前に外務省改革新派の白鳥敏夫の名前が挙がっており、それが最終的にマッカーサーの耳に届いたとの歴史解釈もなされてもいるが、実際のところはどうだったのだろうか。ただ、憲法9条が多分に政治的な文脈の中で書かれたのに対して、24条はより文化的・社会的な問題として、日本の特殊性、後進性に対してくさびを打ち込む狙いがあった。「婚姻は両性の合意のみに基づいて成立」するとは、単に結婚に関する条項である以上に、個人の尊重、つまりは人権という概念を日本人に教えるための条項であったからである。

もちろん、それだけでは人権意識が日本人の間に浸透するわけではなかっただろう。ただ、この条項によって、日本人は「個人」が社会の最小の、侵すべからざる単位であることを、初めて知らされた。このことの意味は小さくない。

公の言葉として、個人の尊厳がこのように語られたことなど、それ以前の日本の歴史のなかではなかったのだ。

この24条の制定に関しては、少女時代に日本に育った経験のあるベアテ・シロタ・ゴードンが、強い信念を持って取り組んだことが知られている。彼女は、日本の当時の女性の社会的地位に関しての経験値を有しており、それゆえにフェミニストとしての強い願望を、この条文に反映させたはずである。

とはいえ、憲法に保障された個人の権利は、あくまでも法律的なものであり、日本人全体が、これを当然の権利であると考えるようになるためには、市井に働くひとびとの意識の上に近代化（民主化）の恩恵が浸透してくるまで待たなくてはならなかった。

「個人」という概念が日本人全体に浸透するためには、日本人が飢餓の恐怖や、貧困から抜け出して、所謂衣食足りた状態になるところまで生活が向上することが必要だったのだ。

ところで、「個人」とは概念であり、理念である。飢えと苦しみの最中に理念は無力である。日本人が、人間として最低限の権利を事実上手に入れられるための条件は、まず衣食足りることであった。衣食足りても、市民意識が醸成されなければ、封建的な社会が近代的な社会へと離陸することはできない。

これを可能にしたのは、戦後日本の近代化が、ほとんどの日本人が予想もしていなかった形とスピードで進行していくことになったからである。

果たして、戦後の日本に、外来思想であった個人主義が浸透し、それが、日本人のひとりひとりの価値観として確立されていったのかどうかは、分からない。わたしは、これについては否定的な感想を持たざるを得ない。現在に至るまで、日本人の意識を規定しているのは集団主義的な思想であり、山本七平が言うところの「空気」であると思わざるを得ない。

にもかかわらず、戦後の日本に一定の市民的秩序が生まれたのは、高度経済成長がもたらした「消費者」の出現によるだろう。「消費者」とは、「個人」とは違う。それでも、自己の欲望を尊重するというところまでは、「消費者」は「個人」とほとんど見分けることができないほど似ている。

「個人」なき時代を生き延びるための拠点

「個人」なき時代の日本では、何がひとびとの行動規範の中心にあったのだろうか。今日であれば、「自己実現」という言葉が出てきそうだが、「個人」が無ければ、「自己実現」という発想が出てくるはずもない。わたしたちは、室町期から江戸期にかけての、普通の日本人（それが誰を指すのかは問題だが、ここでは後年百姓といわれたひとびと[*4]）の生活をリアルに思い浮かべることは、難しくなっているし、網野善彦が指摘しているように百姓＝農民が日本の地方民の大多数を占めているという説が、誤った思い込みだとするならば、今日の映画や、小説などで描写される中世・近世の地方民の様子も、その誤った思い込みの上に描かれている可能性があることを吟味しなければいけないかもしれない。

ただ、そうではあっても、普通のひとびとにとっては、経済的な困窮や重税の圧迫のもとで、生きていく上で最も大切なこととは、生き延びることだということは言っても良いと思う。

それは、どんな時代においても、人間の最も普遍的な願望だからである。

そして、生き延びていくためには、衣食住という生存の条件の他に、必要なものがある。

人間がひとりでは生きられない動物である以上、血縁や地縁による小さな集団が形成され、その最も基本的な単位が「イエ」であったということである。「個人」なき時代、「イエ」はひとびとのもつ世界観（コスモロジー）の最小の単位だったに違いない。

つまり、今日の「自己実現」と同じ比重を持つ概念として、「イエの存続」という概念は重みを持っていたのではないだろうか。

変転する社会のなかで、「イエ」がどのような役割を果たしていったのか。この「イエ」と「社会」の関係の源流を探るためには、時間を戦国時代まで巻き戻さなくてはならない。というのも、わたしたちが、歴史の文献のなかにたどれる「イエ」のかたちとは、せいぜい戦国時代末期、江戸時代初期の頃までだからである。

江戸時代の人口動態

大宝律令の時代（701年）から、関ヶ原の合戦の時代（1600年）までのおよそ900年間で、日本の人口は451万人から1227万人に、約800万人増加している（社会工学研究所の数字による）[*5]。3倍近く増加してはいるが、それはもともとの母数が小さかったか

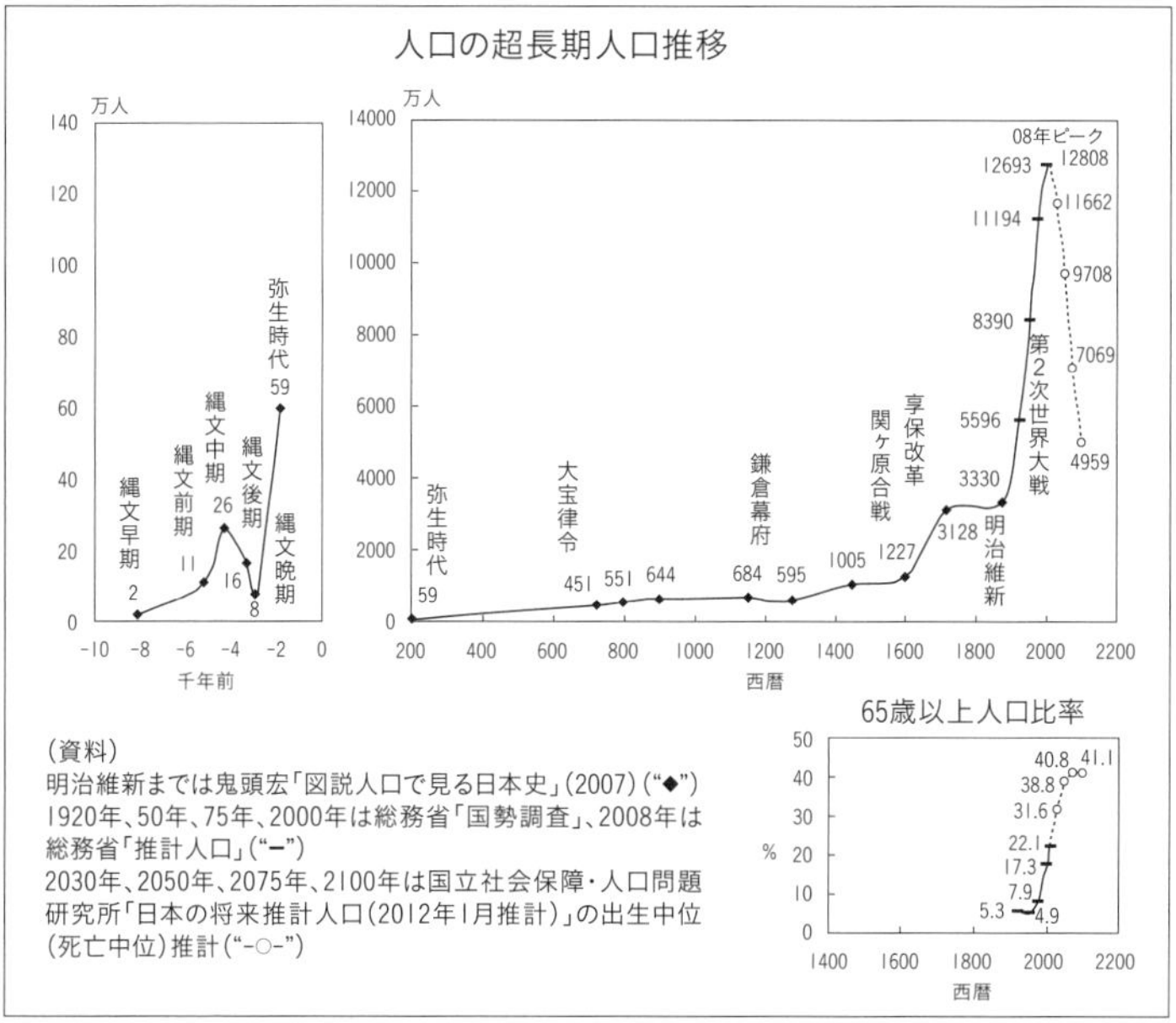

図表7　人口の超長期的推移
出典：「社会実情データ図録」
http://www2.ttcn.ne.jp/honkawa/1150.html

作者註：図は、これ以降、度々参照させていただくことになる本川裕さんが作成されている「社会実情データ図録」(http://www2.ttcn.ne.jp/honkawa/index.html) からの引用である。このグラフを観るだけで、現代という時代がいかに特殊な時代であり、文明の移行期であるかが理解できるだろう

らで、1年間平均では9000人未満の増加というのは、後の爆発的増加に比べれば、それほど大きなものではない。むしろ、長期的な安定状態が続いていたとみるべきだろう。図表7を見れば、そのことは納得していただけるのではないかと思う。

ところが、関ヶ原の合戦以降、つまり1600年から1750年までの150年間に（間に元禄時代が含まれる）1900万人も人口が増加しており、1年平均では12万6000人以上も増加している。それ以前の900年間の平均の14倍である。驚くべき変化が起きたわけだが、いったいこの時期、なぜ人口が急激に増加したのだろうか。

そして、江戸に目安箱が設置される頃（1721年）以降、江戸幕府が崩壊するまでの150年間は、総人口3000万人で増えもしなければ、減りもしない長期停滞期にはいる。なぜ、急激に増加していた人口が3000万人に達したところで、150年間ものあいだ、停滞したのだろうか。

この二つの謎を解くカギを探さなくてはならない。日本における人口学の碩学のひとりである鬼頭宏は、1734年に行われた徳川幕府による藩の人口調査の結果などから、この間の人口動態を次のように説明している。

享保期以前の諸藩の人口は、十八世紀初頭にいくつかの藩で軽微な減少が見られるほかは増加傾向にあり、多くの藩で十七世紀の増加率が高い。さらに元禄期までと享保期までの前後二期について変化のわかる十藩についてみると、元禄期までの十七世紀後半の年平均増加率が〇・五六％であるのに対し、元禄から享保期にいたる十八世紀前半の増加率はわずかに〇・〇五％である。しかも四つの藩では減少していた。全国人口は十七世紀に高率で増加して、享保期のあたりで成長を鈍化させたようである。

（『人口から読む日本の歴史』鬼頭宏、80－81頁）[*6]

鬼頭は、日本の歴史人口学の大家といってもよい速水融の信濃国諏訪郡の農村人口の研究を紹介して、「十七世紀の人口成長は、一般に世帯規模と世帯構造の大きな変化をともなっており、これによってひきおこされた出生率の上昇が人口成長の主要因となっていたことが明らか」と述べている（『近世農村の歴史人口学的研究』速水融、東洋経済新報社）。

「世帯規模と世帯構造の大きな変化」という言葉に注目しよう。

読み飛ばしそうなさりげない記述だが、この部分にこそこの時代の人口動態変動のすべてがあるからだ。鬼頭の言葉を言い換えるなら、人口動態の変化の要因を作るのは家族構造の変化だということである。

鬼頭に従いながら、なぜ、世帯規模と世帯構造の変化が出生率を上昇させるのかを簡潔に説明しよう。この間、複数夫婦や三世代が同居していた大家族から、傍系親族や隷属農民が分離独立し、直系親族を中心とする小規模世帯へと分散したことが、人口増加に結び付いたと考えられる。なぜ、この直系親族の独立が人口増加へ結び付くのかというと、隷属農民や、傍系親族は、有配偶率が極めて低く、晩婚や生涯独身が多かったのだが、かれらが分離独立することで、直系家族が増え、家を継ぐための子孫をつくる活動が活発化したからである。

人口成長は、隷属農民の労働力に依存する名主経営が解体して、家族労働力を主体とする小農民経営へと移行する農業経営組織の変化と結びついていた。しばしば、太閤検地の歴史的意義は一地一作人制を推し進めて、小農民の自立をめざす政策だったと言われてきた。たしかに小農民自立の現象は十六・十七世紀の経済史を最も鮮やかに彩っている。歴史的因果関連は、しかしその反対であったろう。畿内に始まりその周辺地帯へと及びつつあった経営組織の変化を敏感にとらえ、小農経営を政治・経済の基盤にすえることに成功したのが、豊臣秀吉であり徳川家康であったと言うべきなのである。両人ともにその出身が尾張、三河という、まさに変化の最前線にあったことは、小農民経営に基礎を置く社会の建設を当然のこととして選ばせたのだった。

（『人口から読む日本の歴史』91頁）

「歴史的因果関連は、しかしその反対」であったというのが、鬼頭の着眼である。つまり、小農民の自立を促すために、太閤検地という政治的政策を実施したのではなく、すでに、名主経営が解体し、家族経営による小農民や、農民以外のなりわいを持つひとびとの増加があったので、その動きをとらえて、検地を行うことで政治権力が経済の基盤を作ろうとしたということである。この家族経営の増加を促したのは、傍系親族や、隷属農民の分離独立であり、それによって引き起こされた人口増大である。この、家族形態の変化が、経営組織を変化させ、そこに経済的機会を見出した政治家が後押ししたという、鬼頭宏の分析は説得力がある。

この鬼頭の分析を読んでいると、太閤時代の経済政策者とは、どのような人間だったのかと想像したくなる。唐突だが、それは、大戦後の闇市をつぶさに観察し、その機会をとらえて積極的な経済政策を立案していった下村治や、田村敏雄、そして池田勇人を思い出させる。つまり、経済とは、頭の中にある理論の実行ではなく、国民ひとりひとりの足下の生活の観察の中から出てきたものだけが、本物になりうるのだということである。経済政策が先にあるのではなく、社会変化が先にあったのだ。経済政策が人を変化に向けて促すのではなく、ひとびとの生活の変化が、それに適した経済政策を促すのである。

享保の人口停滞

さて、ひとびとは、このような社会変化のなかで、経済合理的に行動する。社会の変化に合わせて経済のあり方を変えるのである。速水融はこれを「経済社会化」と呼んだ。元禄期までの人口増加もまた、家族構造の変化という社会変化の後に、ひとびとが経済合理的に行動することによって引き起こされる現象だということである。しかし、ここでいう社会変化、つまりは小規模家族（独立自営農民家族）の隆盛や、社会の都市化といった材料は、人口増加は説明できても、それ以後の人口縮小を説明することはできない。世界においても、日本においても、急激かつ長期的な人口減少という現象は、歴史始まって以来のことだからである。材料があっても、何が原因として必要十分な材料で、何がただの結果に過ぎないのかが、これだけではよく見えないのである。

ポスト元禄である享保の時代（18世紀）に入ってから、それまでは急激に増加していた人口が、急に長期停滞になるという現象を呈するようになる。これまでの仮説に従うなら、享保以降の人口停滞の要因は、すべてその前の時代、つまりは人口増大していた元禄時代に用意されたということになる。

享保以降の人口の停滞は、元禄期の爆発的な人口増加の反動ということで、片づけてよいのだろうか。総人口が停滞するのは、確かに、享保の時代に入ってからのことであるが、総人口の停滞の始まりと、少子化の始まりとは20年ほどのずれがある。少子化の始まりと、総人口停滞の間には20年から30年の時間的なずれが生じるのである。

近年の日本の出生率と、総人口の関係でいえば、出生率が現状維持の2・2を割り込み始めるのが1970年前後であり、総人口が減少し始めたのが2009年なので、その間に40年間のずれがある。この出生率と総人口の変化のずれを勘定に入れるなら、享保の時代の人口停滞を準備したのはそれよりも以前、つまりは元禄の時代であったことが推測される。

そこで、もう一度この時期の人口推移と時代背景を整理してみよう。江戸時代の人口に関しては諸説あるのだが、社会工学研究所および鬼頭宏氏の調査による数字などを参考にまとめると、おおよそ次のようになる。

1600年　1227万人（以後急激な人口増加が起こる）
1640年　幕藩体制の確立、整備　小農民自立化、貨幣経済の進展、交通網の発達、都市化
1650年　1750万人

１６３９年　鎖国の完成
１６８８年　元禄時代の始まり（１７０４年まで）
１７００年　２８３０万人
１７１６年　享保時代の始まり（１７３６年まで）
１７２１年　３１３０万人
１７５０年　３１００万人
１８３０年　３２５０万人
１８４６年　３２００万人（大都市の未婚率の高さ、悪い衛生状態）

上記の表によると、１６００年におよそ１３００万人だった人口は、元禄時代の終わり頃には２８００万人になり、およそ１００年間で１５００万人も人口増大している（倍増以上である）。

ところが、享保時代の始まった１７１６年から、江戸時代が終わる１８６７年までの１５０年間は、人口は３０００万人余りの状態が続く。つまり、１５０年間の人口停滞となるのである。

幕藩体制確立以後、社会は急激に変化した。参勤交代制度や、独立自営農民の増加により、交通網が発展し、貨幣経済が発展し、とくに都市部における商品経済の発展は目覚ましく、自給もしくは簒奪の経済から商品交換の経済へと飛躍した。今風に言えば、一種のバブル景気だったのである。こうした社会変化に伴って、家族形態が、それ以前の大家族制から、独立自営農民や、農民以外の様々ななりわいを持つひとびとが生き延びていくための、直系家族中心の権威主義家族システムへと移行していった。その結果大家族は細分化され、それぞれの家族が権威主義家族システムを維持できるだけの子どもをもうけることで出生率が上昇し、総人口もまた増加していった。

貨幣経済、商品経済の発展、それに伴って起きた人口の増大は、社会の構造を根こそぎ変化させる力を持っていた。

都市部への人口集中が盛んになり、同時に働き手を失った地方においては疲弊化が進んだ。都市部と地方の格差が拡大していったのである。

急激な経済発展は、今日でいうバブルであり、すべてのバブルがそうであるように、元禄期のバブルもまたはじけることになる。

バブル崩壊の原因はひとつではなかっただろう。消費は飽和に向かい、役人の綱紀は乱れ、人心もまた金銭一元的な価値観の瀰漫によって荒廃する。

元禄期から享保期へ向かうなかで、バブル特有の浮かれた空気は一気にしぼんでいく。

徳川綱吉の死後、18世紀の初めの政治は、御用人、学者、コンサルタントによる政治で、特に、新井白石のような朱子学者が強力な発言力を持つようになっていた。

新井白石は、幕府の綱紀粛正、裁判の公正、元禄金銀の改鋳による良貨発行など、緊縮、倹約といった政策を推し進めて、財政の立て直しをはかることになる。

社会の変化は明らかだった。ダイナミックで放埓ともいえる元禄文化は急激に収束し、動きの少ない、堅実で質素な社会へと引き継がれていったのである。

ところで人口増大の要因は家族構造の変化にあり、人口減少の要因もまた家族構造の変化に起因するという仮説にしたがうなら、元禄時代から、享保の時代にかけて、再び家族構造が変化したことが推定される。家族の変化と経済の変化には強い相関がある。なぜなら、家族形態の決定要因のひとつが、弱者が生き延びていけるか否かということにかかわっており、経済の拡大によって生き延びていく手段が多様化すれば、必ずしも家族にたよらない生き方が可能になり、出生率は低下することになる。あるいは、これとは逆に、貧富格差の拡大や農村部の窮乏化によっても、家族の解体や出稼ぎを余儀なくされて出生率の低下に結びつくということもあるだろう。

江戸時代にこれほど短期間に、人口増加から人口停滞へと移行した理由を簡単には説明することはできないだろう。しかし、鎖国による閉鎖的な経済と、租税の増徴や貨幣経済の浸透による重圧がもたらした農村部の急激な荒廃によって、元禄期の安定的な本百姓の体制が崩れていった。その結果、豪農と日雇い小作人への農民層の分解が起き、度重なる飢饉がさらに農民の生活を圧迫していったのではないだろうか。

おそらくは、このことが人口停滞の原因となったとは言えるだろう。つまり、社会の急激な変化によって、安定的な家族形態を維持することすら困難になっていったのが、享保以後の時代背景にあったということである。

鬼頭宏は、18世紀に入ってからの、つまりは享保の時代に入ってからの人口停滞に関しても、興味深い見解を示している。

それまでの人口増加が、小規模農民が自立することで、高いインセンティブを与えられ、積極的な新田開発と土地生産性向上を追求するようになった。そして、社会構造もまた、それまでの大家族経営から、小規模家族による農業経営に移行し、それまでは結婚や出産に抑制的だった傍系家族や隷属農民が一家を持つことで、出生率が上がった。しかし、エネルギーと食料に関して「鎖国」状態であった農業社会は、その生産リソースの限界を迎え、石高比率の伸びは次第に鈍っていった。そのことは、経済発展の行き詰まりを意味し、それが人口停滞というかたちで現れることになった。

鬼頭は、人口と耕地面積の広がりとの間の因果関係に関しては、それが相互依存的な関係であり、どちらが先かという結論は留保している。

この鬼頭のアイデアは、わたしたちがこれまで教科書的に教えられてきた、江戸時代は、子殺し、飢饉などがあったために、人口停滞が起きたのだという通説とは異なる人口停滞の要因を示唆している。確かに、享保、宝暦、天明、天保の凶作の影響は、人口停滞の一定の要因にはなった。残念ながら正確な餓死者数は不明だが、杉田玄白の『後見草』などの書物から推定されるのは、推定で数万人から数十万人の幅だろう。それでも災害時を除く年は、大部分の土地で人口は順調に増加しており、飢饉による減少を補って余りあるものがある。享保の時代における、人口停滞はだから、単純に凶作の影響だとは決められない。むしろ、徳川吉宗が行った改革のなかにこそ、その原因が求められるべきかもしれない。つまり、倹約と増税による財政の再建、農政安定のための年貢強化、豊作凶作にかかわらず一定額を徴収する定免法の採用などの、緊縮策である。これらの政策は、農民の生活を圧迫し、都市部への人口流入を活発化させることになった。これらのことが輻輳して、人口増大にブレーキがかかっていったというようにも、考えられる。

わたしは、超長期的人口動態のグラフを眺めていて、不思議に思ったことがある。何ら根拠があるわけではないが、18世紀のおよそ150年間の人口停滞が、もしなかったと仮定して、その前後の人口増大を直線で結んだ人口増加カーブは、むしろ自然な人口動態に見えるのではないのかということである。言葉を換えれば、享保以降の150年の人口停滞は、通常とは異なるパラメーターが働いて起きた現象であり、それまでとは別の、特殊な移行期的現象が起きていたのではないのかということである。

江戸時代の移行期的混乱

移行期的現象と言ったが、これについても鬼頭は示唆に富む指摘をしている。それは、一口に人口動態とはいっても、地理的な条件や、都市と農村の格差によって、地域毎にそれぞれ異なっている。当然のことながら総人口数の増減は、それらの差異については何も語ってくれない。鬼頭の研究によれば、北関東、南関東、畿内およびその周辺においては、人口増大期においても、増加率が有意に低いことが観察されるということである。これらの地域に共通するものとは何か。それは江戸、大阪、京都という大都市を抱えている地域であるということ以外にはないだろう。

こういった大都市の存在が、地域人口の増加にとってマイナスの作用を及ぼすのは、前工業化社会に共通の人口学的特徴であるらしい。「らしい」というのは、なぜそのようなことが観察されるのかについての、理由がよく分からないからで、それについては想像力をたくましくする他はない。

速水融は、都市部の人口が減ることに対して、「都市アリ地獄説」を唱えている。これは、速水の造語であるが、都市は確かにひとびとを引きつけるが、死亡率が高く、地域全体としては、人口は増えないといい、こんなことを付け加えている。「江戸っ子は三代もたないという俗説があるが、これは江戸は住んでいる人にとっては健康なところでなく、農村から健康な血を入れないと人口の維持ができないということを意味している」(『歴史人口学で見た日本』文春新書)。

速水がこの説を主張したのと同じ頃、ヨーロッパにおいても「都市墓場説」なることが言われており、都市部の死亡率は、農村部に比して高く、出生率は低いというのは、古今東西一般的な都市の性格だったのかもしれない。

現象としては、確かにそういうことが言えるのかもしれないが、これだけではなぜ都市部の人口が減少するのか、その理由はよく分からない。

その理由を説明するためには、都市とは何かということを考察しなくてはならない。

無縁の原理

江戸期における都市とは、どのような場所だったのか。南伊勢大湊や、長崎といった中世自治都市には、どのような空気が流れていたのか。どのような人間が流れ込み、誰が統括し、どういった価値観が流布していたのか。

中世自治都市といえば、すぐに思い出すのは、日本中世都市の発生に関する驚嘆すべき研究の成果を残した網野善彦の名前である。

もはや推測をこえ、われわれは断言してもよかろう。中世都市の「自治」、その「自由」と「平和」を支えたのは、「無縁」「公界」の原理であり、「公界者」の精神であった、と。

（中略）

「都市の空気は人を自由にする」。この慣習を支えていた原理について、西欧の歴史家がいかなる見解をもっているのか、不勉強にして私は知らない。しかしそれが、下人・所従や逃亡百姓、そして科人を迎えいれた日本中世の自治都市を支えた原理と全く同じであることは間違いない。

（『無縁・公界・楽』網野善彦、平凡社ライブラリー、1996年、91頁）

網野善彦は、子どもの遊びである「エンガチョ」や「縁切寺」の内在的な意味を探るところから出発して、「縁切り」の原理が、都市の原理に発展してゆく道筋を辿っていった。都市の原理とは無縁・公界・楽という言葉で規定されるものであり、その根本的な特徴は次の八つに集約される。

1 「理不尽の使い入るべからず」という不入権
2 地子・諸役免除
3 自由通行権の保証
4 「敵味方のきらいなき」「敵味方の沙汰に及ばぬ」平和領域
5 私的隷属からの解放
6 貸借関係の消滅
7 連座制の否定
8 老若の組織（老若とは、未開社会の年齢階梯的秩序原理による組織であるが、平等原理が貫徹）

（前掲書）

現代でいう、商業特区のようなものである。いや、ある意味で治外法権的な特別な場所というべきだろう。詳細は、是非『無縁・公界・楽』を参照していただきたいが、網野の分析を参考に、大雑把に都市の原理の発生をまとめてみよう。

網野善彦は、都市の原理が、地縁的共同体ともいえる農村部の「イエ」の原理、あるいは世俗の原理とは異なる原理を持っていたことを、古文書やキリスト教宣教師たちの文書の中に見出していった。都市の原理とは、中央権力とは隔絶された独自のルールによって営まれており、地縁・血縁とは切り離されたアジール的な、無縁空間であった。この時代の世俗の原理とは、有縁の原理であり、血縁、地縁によって共同体が営まれていた。そこでは、当然、縁を持たぬよそ者の侵入を忌避する圧力が働く。近親相姦のタブーを犯したもの、盗みや殺傷沙汰に及んだ者、その血縁は、葬式と消火作業以外の村の共同作業から締め出されるという村八分の目にあう。現代で言うボイコットである。

この有縁の原理に対して、無縁とは、誰もが自由に参加できる「場」の原理であり、世俗の縁を尊ぶルールが解除された特別な「場」の原理である。

当然のことながら、その無縁の空間に、遍歴する商人や芸能者、咎人《とがにん》、渡航者などが流入し、交易が盛んに行われるようになっていく。いや、順序は逆かもしれない。縁を持たぬひとびとが集まる場所が、港のある町や、村落の周縁部に形成された。網野善彦は、こういった一種闇市のような場所が、都市の始まりであり、都市の原理とは、無縁の原理であることを立証していった。

都市部には農村の定住者たちがつくる空気とは異なった空気が醸成されていった。つまり、農村部の大家族制度の持つ価値観は希薄にならざるを得ず、長子相続、権威主義といった、それまで安定的な出生率を担保していた制度は、「無縁」を基礎とした別なものに置き換わっていった。この中世都市空間は、織豊期から江戸期に入ると、中央集権的な商業振興策に取り込まれ、初期の自由な空気を失っていくのだが、そのエートスは江戸時代を通じて都市生活の底流に生き続けた。

人口に関していえば、上記に説明した農村部と、都市部の家族構造の違いが、人口動態に影響を与えた。鬼頭宏が書いているように、北関東、南関東、畿内およびその周辺においては、人口増大期においても、増加率が有意に低いという事実がそれである。戦国時代においては、都市は限られた地域に限定されていたが、江戸時代に入って、その領域が拡大され、元禄時代を過ぎ、享保の時代になって、貨幣量の増加による貨幣経済が発達すると、大量の人間が、都市部へ集中するようになっていった。やがて、都市の人口は飽和し、むしろ人口は減少するようになる。

速水融のいう、「都市アリ地獄」の状態が続くことで、農村部の人口増加と、都市部の人口減少が際立って対照的な様相をみせることになる。この人口停滞は、見かけ上は、社会の安定のように見えるが、その内部では様々な移行期的現象が起きていたはずである。江戸時代とは、全体として眺めてみれば、まさに享保期以前の人口急増フェーズと、享保期以後の人口停滞フェーズという、相反するフェーズが入れ替わる時代であり、それだけ、大きな社会変動があったということである。

つまり、江戸期は安定的で、停滞した時代であったという俗説は、それ以前の戦国の時代との対比で言われているに過ぎないということだ。実際には、社会の内部は、大きな社会変動のエネルギーが渦巻いていたのである。

時代が下り、江戸幕府の崩壊後に、再び人口が急増した理由についてはどうだろうか。これまでの考察から、社会変動（とそれに伴う家族構造の変化）がその原因であったことが推測されうる。この時代、江戸時代の階級的な身分制度が廃止され、まがりなりにも四民平等が謳われたこと、田畑永代売買禁止令が廃止され土地の所有権が法的に認められ、通貨体制が改められ、中央銀行が設立されるなど、資本主義的な基礎ができあがった。

それは、ほとんど革命と呼んでもよいほどの変化であり、法制、身分制、地方行政、金融システム、通信システム、流通、産業、思想、文化、教育などのすべてが変わったのである。

これにより、旧弊的な大家族主義とそれにともなう封建的な縛りから解放された、あたらしい階級としての庶民が生まれた。

貨幣経済の急激な発展、都市化、市場化という現象が起きる中で、家族構造が変化していった。そして、その家族構造の変化は、未婚率や出生率の変化を必然化したと考えられる。この時代は、エマニュエル・トッドが述べている、人口動態モデルでいうならば、国民国家内での男性識字率の上昇期にあたり、封建的な圧政が取り除かれれば、人口は右肩上がりに上昇してゆくことになる。それは、発展途上国において、専制的な君主の時代には、安定的だった人口が、民主化、市場化のなかで急激な人口増加をもたらしたのと同じ現象である。

第3章

戦後の家族の肖像

家族形態の崩壊過程

前章では、江戸時代の人口動態を振り返ったが、同じようなことが歴史の中で繰り返される可能性はあるのか。次に戦後の日本の人口動態に焦点を当てて、その変化の跡をたどってみたい。人口動態と社会変動の関係を歴史的に検証するために、最初にとりかかるのは出生率と直接的因果関係を持つ、結婚と出産の変化の調査である。

まずは、図表8を見ていただきたい。1920年から2010年までの90年間の、年齢別未婚率の推移のグラフである。すぐに分かることは、戦前はほとんど一定していた未婚率が、戦後は一本調子で上がっている。

日本人が何歳で結婚するかというような、平均結婚年齢が、数年おきに増減を繰り返すような指標ではなく、五十年、百年の単位でしか反転しない性格の変化であることが分かる。人口動態においては、数百年、数千年の単位でしか反転現象は起きていない。

25歳から29歳までのレンジにおける未婚率を調べてみると、1950年に男34・3%、女15・2%だったものが、2010年にはそれぞれ、71・8%、60・3%へと大幅に上昇しており、大きく晩婚化へと舵を切っているのが分かる。

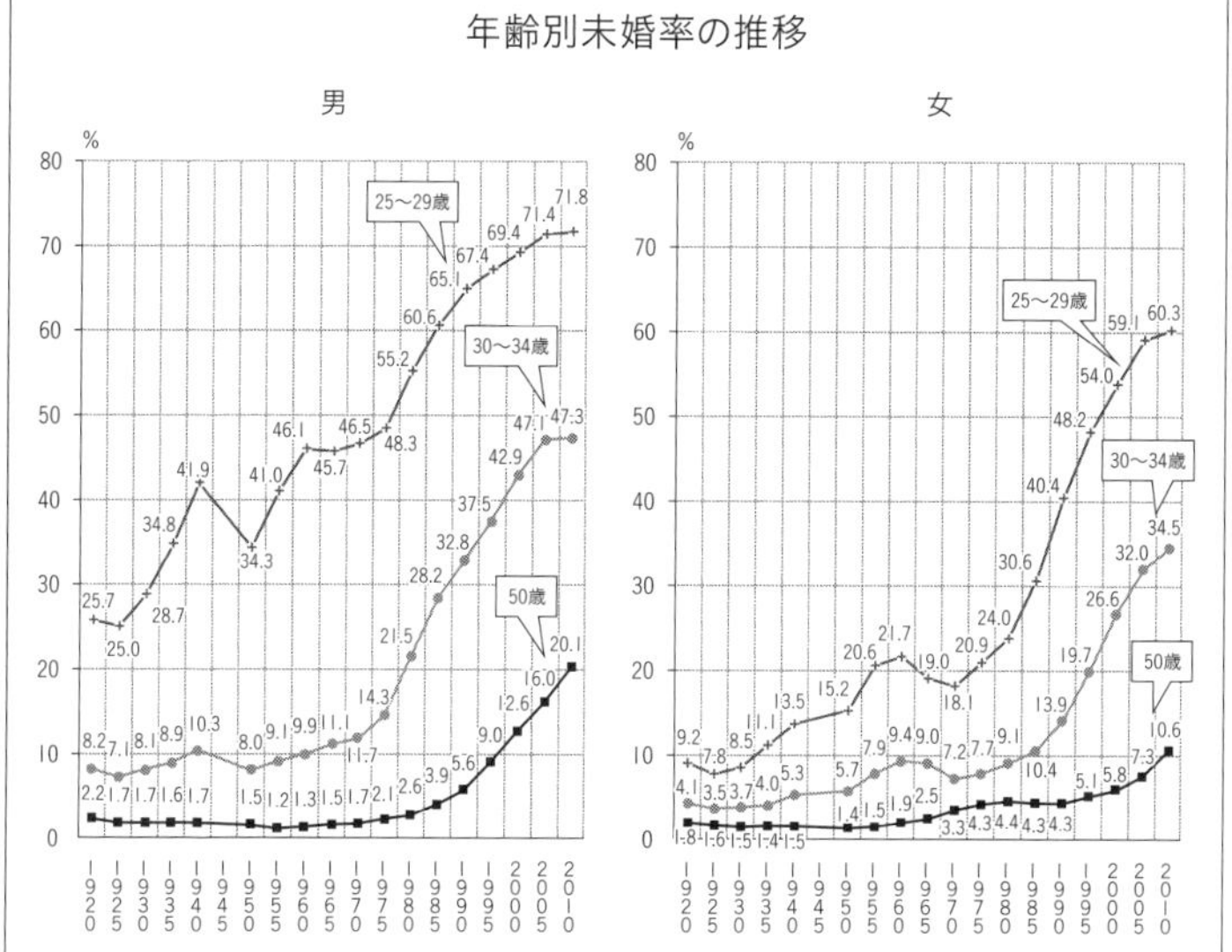

注：　配偶関係未詳を除く人口に占める構成比。50歳時の未婚率は「生涯未婚率」と呼ばれる（45〜49歳と50〜54歳未婚率の平均値）。
資料：国勢調査（2005年以前「日本の長期統計系列」掲載）

図表８　年齢別未婚率の推移
資料：国勢調査（2005 年以前「日本の長期統計系列」掲載）。図は「社会実情データ図録」http://www2.ttcn.ne.jp/honkawa/1540.html による。

なぜ晩婚化が進んだのかは、この数値を観ているだけでは分からない。その考察は後に行うことにして、まずはこの晩婚化と少子化の関連について考えてみたい。

おそらく、1950年当時と2010年で、女性の妊孕力（子どもを産むことのできる能力）自体には、大きな変化はない。これはあたりまえのことで、たかだか数十年で生物学的な変化が起きると考える方が無理がある。

そして、平均結婚年齢を過ぎた女性の出産状況を見ると、実はほとんど変化していないか、むしろ微増していることが分かる（図表4　母の年齢別出生者数推移、39頁）。

つまり、少子化と言われていることの実態は、25歳から29歳までという、「出産適齢期」女性の未婚率が急激に上昇していることに尽きるのである。

では、なぜ、女性の晩婚化が進んだのか。これについては、世上言われるような、経済的な事由も考慮すべきであるだろうが、それ以上に、日本人のライフスタイルが変化したことが大きいとわたしは考えている。もし、経済的な事由だけで、晩婚化が起きているのなら、その傾向はある程度、経済指標と相関することになるだろう。しかし、景気／不景気、インフレ／デフレに関わらず、この晩婚化現象は、例外なく起きているのである。

景気／不景気、インフレ／デフレといったものが、数年の単位で変化を繰り返すのに対して、家族形態も、人口動態も一方的に右肩上がり、あるいは右肩下がりの傾向を示す現象なのである。

それゆえ、晩婚化の要因を探るためには、戦後一貫して右肩上がりもしくは右肩下がりに変化している他のパラメーターを探す必要がある。

そのひとつが、近代化に伴う、ライフスタイルの変化ということである。それは、どのように変化していったのだろうか。

図表8の年齢別未婚率の推移グラフを見ていて分かるのは、戦後に限って言えば、25〜29歳という出産適齢期年齢の未婚率が急激に上昇するのが、1975年前後である。いったい、このときに日本で何が起きていたのだろうか。

ライフスタイルの変化と中流幻想

この時期の大きな変化としては、1973年の第一次オイルショックで、日本が戦後はじめてマイナス成長を記録し、それまでの高度経済成長が終焉したということが挙げられる。1974年以降、1990年までの17年間は、日本経済のマクロ的な状況は、それまでの高度経済成長とは異なるフェーズに入ったといってよい。吉本隆明は、この期間を「相対安定期」と呼んでいる。その理由は、高度経済成長が止まったとはいえ、依然として平均成長率で4％近い伸びを見せており、それが17年間も持続した極めて安定的な期間であったと見ることができるからである。

しかし、この安定的に見える17年間の成長は、それまでの高度経済成長期とは、まったく異なった理由によって牽引された。

高度経済成長は、何によって牽引されたのか。戦後の荒廃の中に出現した闇市は、多くの日本人の購買意欲を掻き立て、そこに自由で活発なマーケットが出現し、旺盛な設備投資がさらに日本の経済を発展させた。いわば、市場草創期ともいえる時代を牽引したのは、持たざる国民の旺盛な食欲、購買欲であり、その需要にこたえて物資を供給し続ける製造業であった。

しかし、73年以降は、もはやこのような戦後的な高揚は終わっていた。国民の家庭には電化製品が入り込み、総収入に対する食費の割合を示すエンゲル係数は半分にまで縮小していた。衣食足りる状況が日本全体を覆い始めたのである。

「安かろう、悪かろう」と言われた日本製品だったが、戦後の高度経済成長の時代を経て、高品質、高性能の代名詞へと変化する。そこに、海外からの投資マネーが一気に日本市場に流入したのである。

つまり、相対安定期とは、「安かろう、悪かろう」の時代が終わって、日本の工業技術が世界にその名を轟かせた時代であり、産業資本と、金融資本が手を携えて日本経済を牽引していく時代だったのである。

この間、日本人は「一億総中流」という幻想を共有し、産業界はジャパン・アズ・ナンバーワンと言われるほどの強さを発揮していた。そして、日本経済にとっての幸福な時間の帯のなかで、誰も想像さえしなかった、変化が進行していたのである。

この相対安定期全体を通して、最も顕著な変化のひとつは、日本人のライフスタイルが、生産中心のそれから、消費中心へと大きく舵を切ったことである。戦時中の「月月火水木金金」という休みなしの一週間が、平時にもどって、高度経済成長の時代に、週休一日が定着していった。そして、相対安定期に入ると、この傾向はさらに進み、徐々に週休二日制が日本全体に及んでいったのである。それまで、働くことは、文字通り、食べるためであり、生き延びるためであったが、週休二日ともなれば、余暇をどのように過ごすのか、食費や地代家賃を差し引いて余った可処分所得を何に使うのかに、ひとびとの関心が移っていった。この可処分所得の変化は、エンゲル係数の変化のなかに、明瞭に見て取れる。

1950年代、収入の半分以上が食費に充てられていたが、1973年には30%にまで減少している。つまり、食うために働いていた日本人は、ようやく別の目的のために、つまり

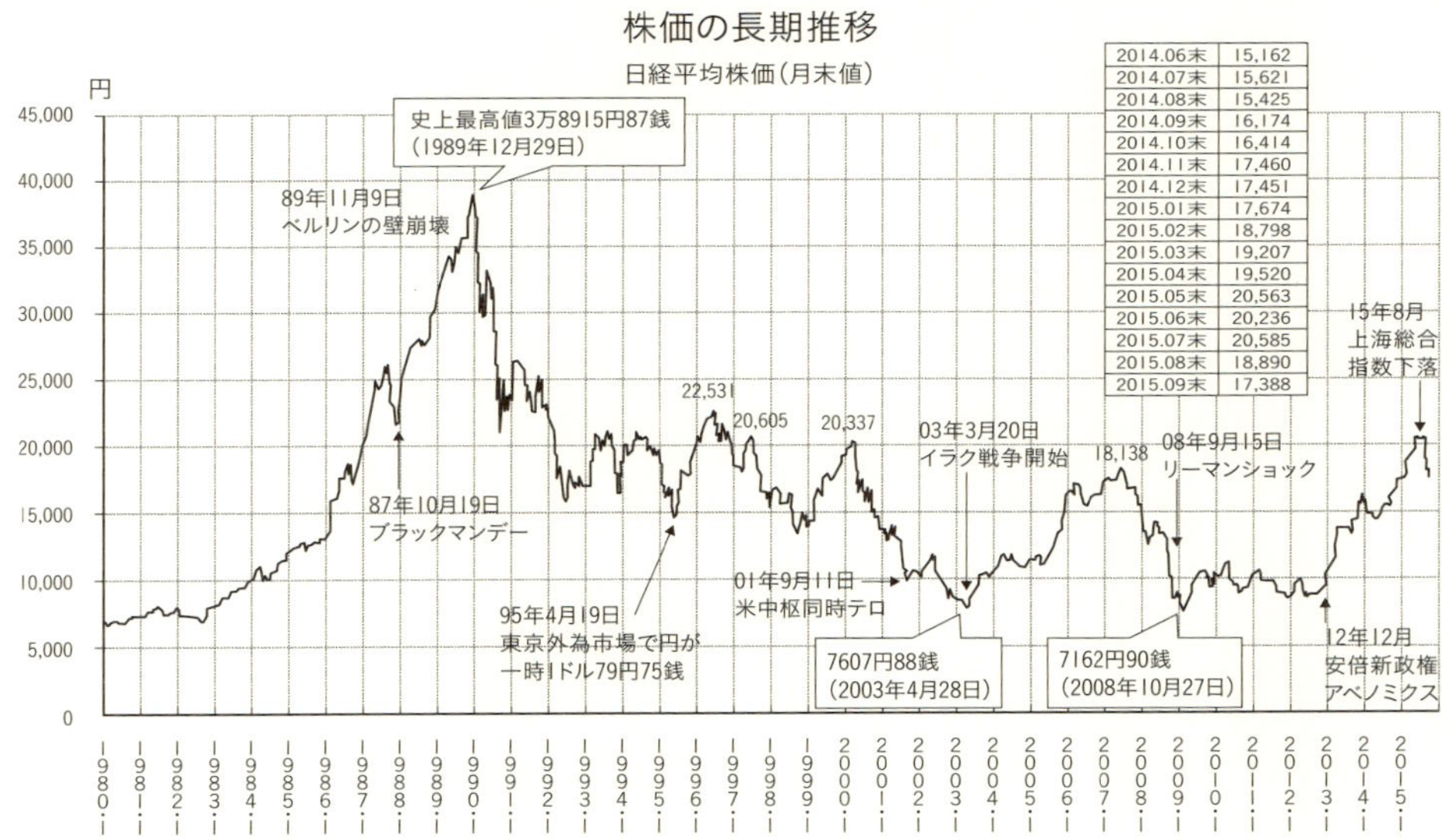

2014.06末	15,162
2014.07末	15,621
2014.08末	15,425
2014.09末	16,174
2014.10末	16,414
2014.11末	17,460
2014.12末	17,451
2015.01末	17,674
2015.02末	18,798
2015.03末	19,207
2015.04末	19,520
2015.05末	20,563
2015.06末	20,236
2015.07末	20,585
2015.08末	18,890
2015.09末	17,388

注:　東京証券取引所225種の平均株価。主要事件等は東京新聞2008.10.28などによる。
資料: 日銀HP、日経平均資料室HPほか

図表９　相対安定期における株価推移
出典：「社会実情データ図録」
http://www2.ttcn.ne.jp/honkawa/5075.html

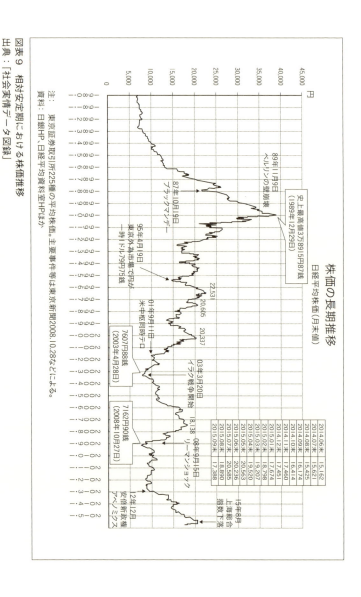

は人生を楽しみ、充実させるために、働くようになったのである。この変化がどれほど大きな変化を日本人の意識に与えることになるのか、当時はまだ、よく分かっていなかった。

当然のことながら、可処分所得の増加は、日本人のライフスタイルそのものを大きく変化させていくことになった。データが示しているように、このライフスタイルの変化は、家族構造の変化と強い相関を持っている。

ライフスタイルが変化したから、家族構造が変化したのか、あるいは逆に、家族構造が変化したからライフスタイルが変化したのか、さらには、日本の近代化、消費化の進行が、日本人のライフスタイルや家族構造を変化させる原因となったのか、あるいはその逆なのか、その因果関係をここで早急に断定することはできない。しかし、これらの変化が最も著しく観察されたのが、相対安定期であることは間違いない。

もう少し、家族構造の変化についての資料を見てみよう。

	実収入	エンゲル係数
1950年	13,238円	57.4%
1955年	29,169円	44.5%
1964年	59,704円	36.0%
1973年	165,860円	30.1%
1991年	548,769円	24.0%

図表10　勤労者世帯の場合の実収入とエンゲル係数
出典：国勢社版『数字で見る日本の100年』改訂第4版

変化する家族構成

家族形態の変化で、最も分かりやすい指標は、家族構成の変化である。親と子の同居率がその指標になる。65歳以上の高齢者人口比率が増加していることはすでに述べたが、それにもかかわらず、というか、そうであるがゆえにというか微妙なところだが、同居比率のほうは1980年から2014年までの34年間で、52・5％から13・8％と、一本槍で下降し、四分の一にまで減少している（図表11）。

今日、一人暮らしの老人、あるいは近隣に子どもの世帯が住む、いわゆる「スープの冷めない距離」で親子が離れて暮らすスタイルがかなり定着しており、日本人家庭においては、親子別居の形態がスタンダードになっている。

では、他の家族形態、たとえば単独世帯や、未婚の子どもと同居している親子世帯はどうなっているのだろうか。その推移を示したのが図表12である。

このグラフをどう読んだらよいのか。

わたしが注目したいのは、それぞれの家族形態のセグメントが、一定の傾向を保持したまで、一本槍で増加あるいは低下していることである。このことは、家族形態はまだ変化の途上にあり、安定的な家族形態という段階に至ってはいないということを示唆している。戦

親世代(65歳以上高齢者)と既婚の子ども世代の同居率推移(%)

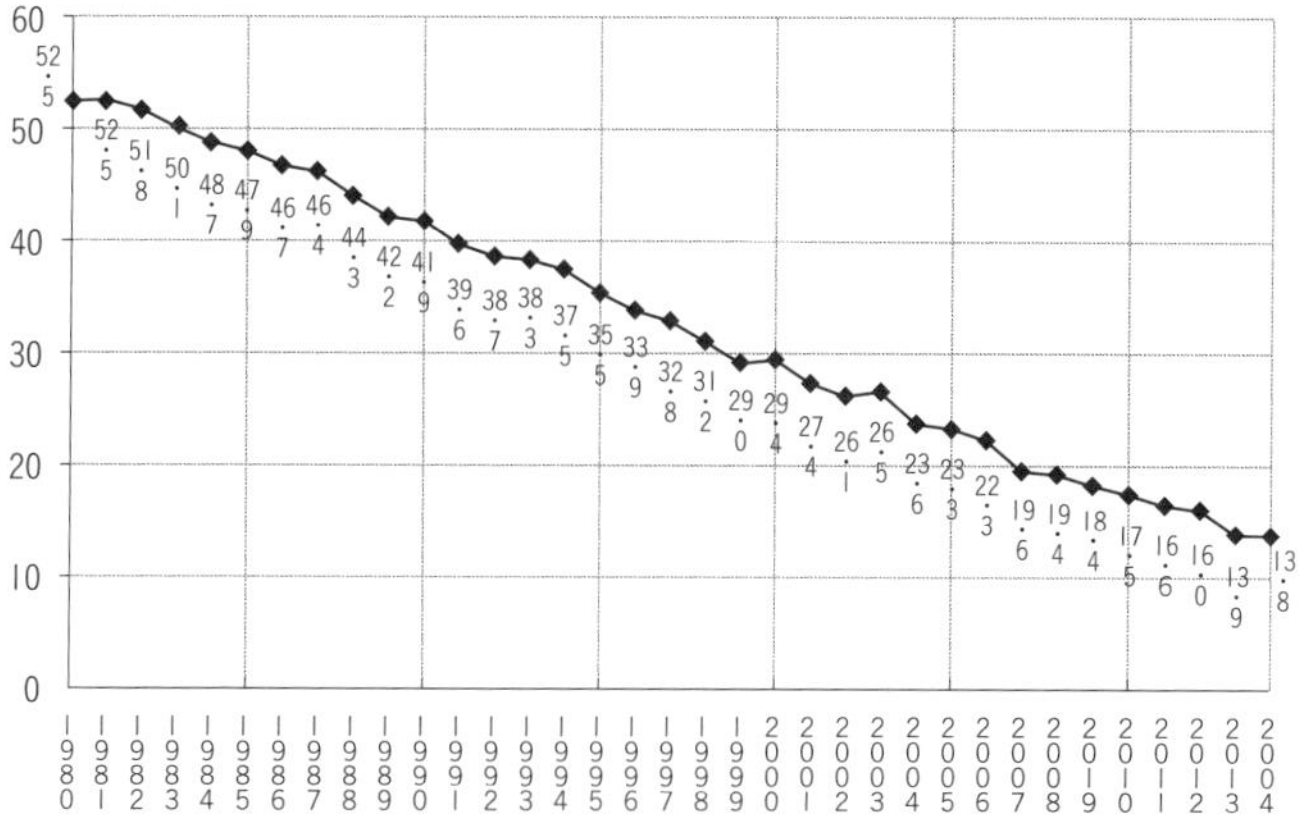

注：　65歳以上の者の世帯類型を「単独世帯」、「夫婦のみ世帯」、「子ども夫婦との同居」、「配偶者のいない子と同居」、「その他の家族と同居」、「非親族と同居」に分けた場合(家族形態別と称す)の「子ども夫婦との同居」が占める高齢者数の割合である(施設入居者を除く)。1995年は兵庫県、2011年は岩手県、宮城県及び福島県、2012年は福島県を除いた数値である。

資料：厚生労働省「国民生活基礎調査」

図表11　親との同居率推移

資料：厚生労働省「国民生活基礎調査」

図は「社会実情データ図録」http://www2.ttcn.ne.jp/honkawa/2414.html による。

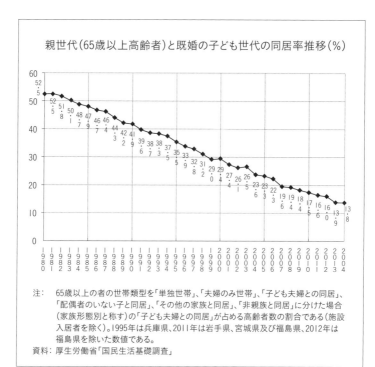

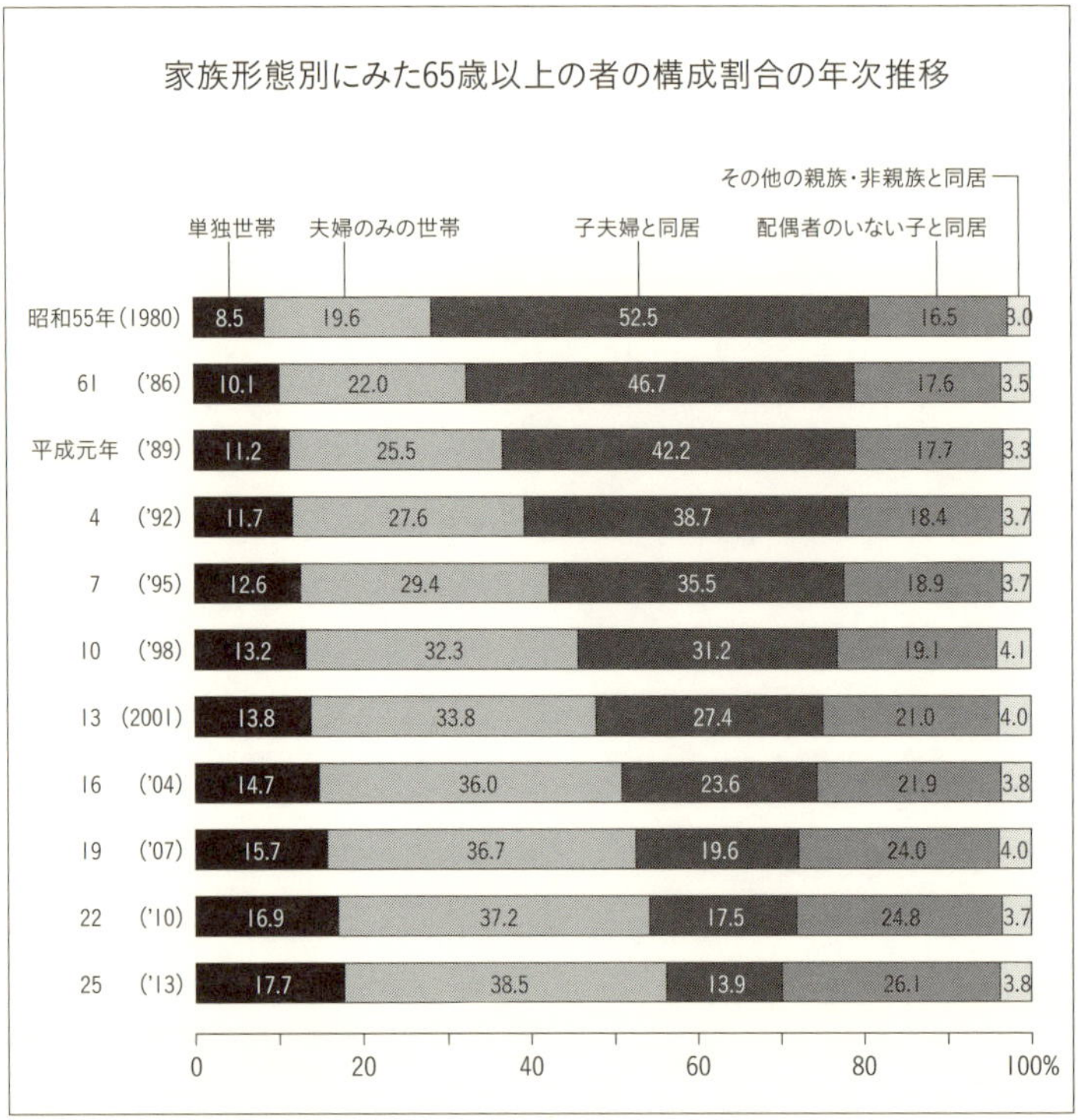

図表 12　家族形態の年次推移
出典：厚生労働大臣官房統計情報部「平成 26 年国民生活基礎調査」
http://www.mhlw.go.jp/toukei/list/dl/20-21-h25.pdf

後70年の間に、日本の家族形態は長子相続型の2世帯、3世帯同居型から単一世代だけの核家族へと大きく舵を切ったのである。日本の伝統的な家族形態は、崩壊したといえるが、その崩壊過程はまだ終わってはいないということでもある。いったい、この先どこまで親子同居世帯が減少し、どこまで単独世帯が増加し、どこまで未婚の子どもと親との同居世帯が増加するのか。なぜ、こういうことが起きたのか、そしてそれは何を意味しているのか。

結婚年齢の上昇

戦後、結婚年齢が有意に上昇していることはすでに述べた。

女性がある年齢になると、周囲の人間がしきりに、結婚を話題にするようになり、婿探しに情熱を燃やすようになるという時代があった。

たとえば、小津安二郎の戦後の映画は、ほとんどこの、娘の結婚と、それに伴う娘の親の孤独というテーマを軸に展開されている。

小津の遺作となった、1962年公開の『秋刀魚の味』では、笠智衆演じる父親（平山周平）と、適齢期を迎えた岩下志麻が演じる娘（路子）の微妙な関係が、描かれている。この映画での岩下志麻の役柄年齢は、24歳である。

24歳で、未婚であるというのは、現在では普通のことだが、当時は結婚適齢期だったのである。

ある日、周平は、仲間たちと、かつての恩師（東野英治郎が演じている）を酒席に招いて一献差し上げることを企画する。そして、その帰りに恩師を送っていくと、かつての先生が、今は場末の一角で、娘と二人でラーメン屋をやっていることが分かる。ラーメン屋は、薄汚れていて、客もまばらである。生きていくことでかつかつの生活であることが分かる。この先生は、若くして妻に先立たれてしまい、以来ずっとひとり娘と二人で暮らしている。（娘を）「いいように使ってしまった」と、行き遅れた娘のことを不憫に思っている。先生の娘を杉村春子が演じているのだが、行き遅れたまま場末のラーメン屋で一生を送るはめになったことに対する、悔恨の念や寂寥感が、その表情に浮かび上がっている。この、杉村春子の演技を観るだけでも、この映画を観る価値がある。

このラーメン屋父娘の様子を見ていて、笠智衆も、自分もまた「娘をいいように使っている」のではないかと不安になる。

映画は、老いというものの孤独と残酷さを観る者に伝えているが、もう一つのテーマは、家族の崩壊というものである。小津は、1962年の段階で、すでに日本の家族が崩壊過程に入りつつあることを予感していたようだ。その予感が当たっていることは、その後に続く時代が、はっきりと証明したのである。

とはいえ、誰も好き好んで、家族を崩壊させようとしているわけではない。ただ、家族のメンバーが、それぞれよかれと思って行動した結果である。

わたしは、大学院の授業で、この映画を教材として使ったことがあるのだが、そのとき、年若い学生には、なぜ24歳という若年で、結婚を急がされなければならないのか、よく理解できなかったようである。あるいは、なぜ周囲の大人たちが、おせっかいをして、結婚を急がせるのかについても。

1950年生まれのわたしは、28歳で結婚した。妻は二つ年下の26歳であった。おそらくは、わたしたちの結婚年齢は平均的なものだったのだろう。東京に住んでいた、わたしの世代の家族構成を見ると、ひとつのクラスの生徒のほとんどが、両親と二人の子どもという構成で、祖父、祖母との同居はあまり多くなかった。

この家族構成もまた、当時では極めて普通の、平均的なものであった。

地方に行けば、まだまだ三世代同居が一般的であったはずである。

ところが、わたしたちの子ども世代は、ひとりっ子が多い。

わたしの友人の家庭を見ても、ひとりっ子が多い。わたしの娘もそうだが、三十路を過ぎてはいるが、まだ未婚である、という場合が普通になってきているのだ。わたしの大学院での生徒も、わたしの子どもと、同世代がコアになっている。

かれらの世代においては、24歳は結婚適齢期というには、まだ早すぎるという感覚なのであろう。図表13に示されるように、現在の結婚適齢期（というか、平均値）は30歳である。昭和20年代からくらべれば、6歳も上昇している。

だから、小津の作品に頻繁に出てくる、「そろそろ嫁にやらないと」という感覚は、なかなか共有できないのかもしれない。それでも、この作品を授業で観た学生たちの感想を聞くと、かなり興味をもって、面白く観賞したとの答えが返ってくる。

かれらは、むしろ親の世代である笠智衆の、老いの姿に共感しているように見える。現代の社会においては、まず老いの問題が大きくクローズアップされており、それはまた、かれら若い世代にとっても、早々にやってくるだろう介護という問題に直結しているからかもしれない。

小津のこの作品が発表されたのは１９６２年、つまり昭和37年である。わたしの授業を受けている学生が30歳だとすれば、１９８５年（昭和60年）生まれである。図表13を見れば、確かにこの映画が作られた１９６０年代当時の女性の平均結婚年齢は20～25歳であり、２０１４年では、29・4歳であることが分かる。

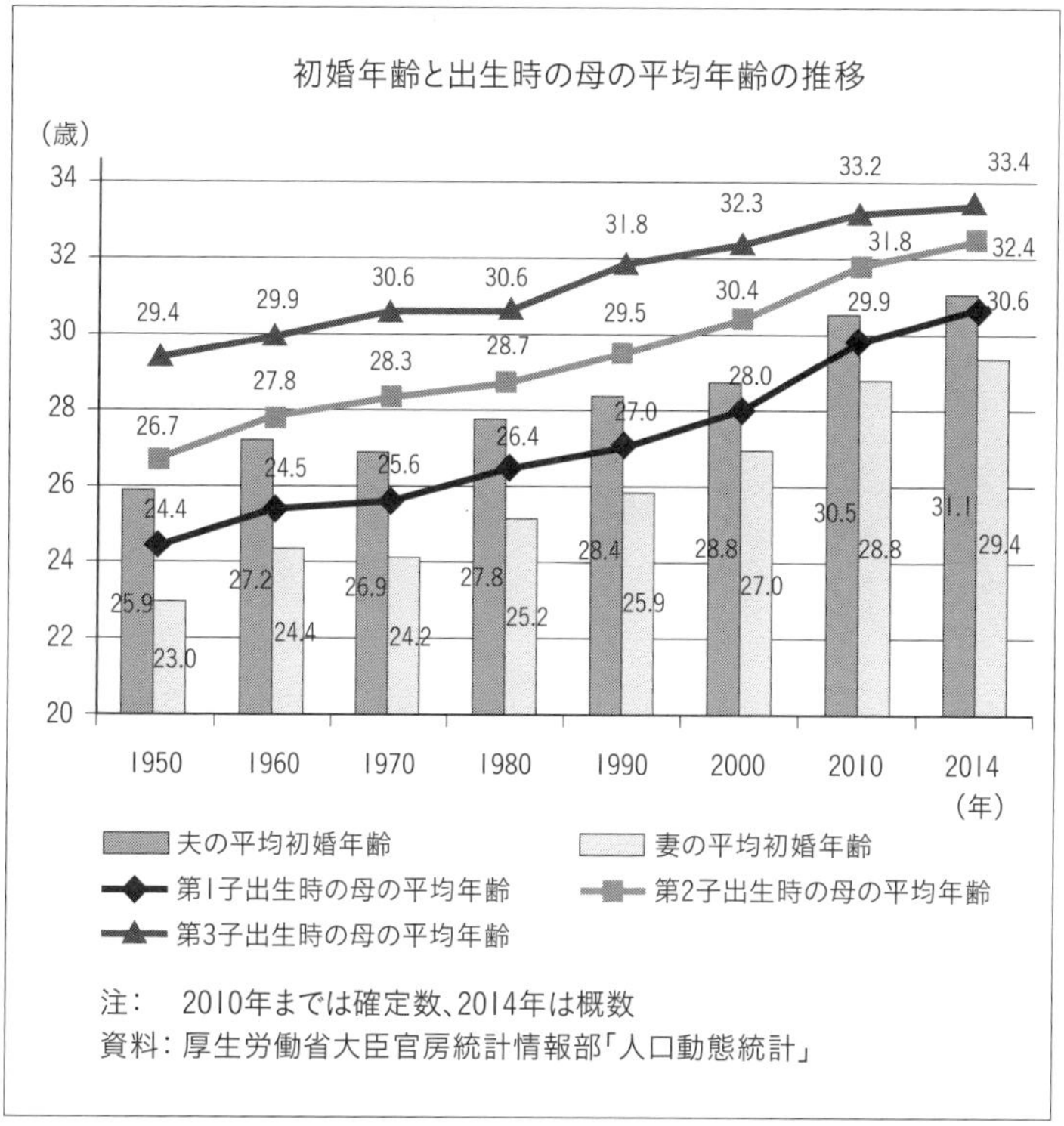

図表 13　初婚年齢と第一子出産時年齢の年代別推移
出典：「平成 27 年版厚生労働白書」
http://www.mhlw.go.jp/wp/hakusyo/kousei/15-1/dl/gaiyou.pdf

しかも、この結婚年齢は、他の家族変質の兆候と同様に、一本調子で上昇しているのである。この状態が続く限り、少子化に歯止めがかからないことは明らかだろう。

ここでの問題は、なぜ、女性の結婚年齢が上がり続けているのかということと、もしこの先、出生率低下というトレンドが変わるとすれば、何によるのかということである。

すでに、何度も、出生率低下は、経済的理由や、将来の社会不安によるのではないと述べてきた。

そして、トッドらの人口学者が言うように、もし、女性の結婚年齢の上昇や、それに伴う出生率の低下が、経済発展や民主主義の発展の帰結なのだとすれば、この流れを人為的に逆流させることはできないことも明らかだろう。

なぜなら、経済発展も、民主主義の発展も、わたしたちがそれを望んで達成してきたものであり、社会の発展の必然的な姿であるという他はないからである。

少し前に、「三世代同居で所得税など優遇、子育て支援で政府検討」という見出しで、産経新聞が、現政権が三世代同居をすすめる政策を検討していることを報じていた。安倍政権の「新三本の矢」の第二の矢である、子育て支援の一環として、親世代との同居を目的とした家屋の改修工事の費用について、所得税や相続税を軽減する方向で検討を始めたというのである。

この報道に接したとき、わたしには二つの考えが浮かんだ。ひとつは、この政策立案者は、少子化の原因が家族の変質にあると見ぬいており、それは歴史人口学的にも正鵠を射た考え方だということである。しかし、そのために三世代同居支援をすれば問題が解決へ向かうという処方は、これ以上間違えようもないほどに、間違えているということであった。つまり、病気の見立ては正しいが、その治療は頓珍漢なものになっているということである。

以下にその理由を説明しよう。

これまで、江戸時代まで遡って、家族形態と人口との関係について述べてきたとおり、家族形態の変化は、人口動態と密接な相関関係があることは明らかである。

江戸時代初期の農村における名主経営の崩壊と、太閤検地など一地一作人制の推進などによって、大家族がばらける段階で人口が増大し、江戸は元禄時代を謳歌したが、皮肉なことに、都市化に伴う急激な文明の変容によって享保・天保期には人口が停滞した。

その後、明治維新によって社会が大きく変化し、再び人口は増大し、戦後の民主主義の進展でさらにその増加は著しくなっていった。戦後の民主主義のうちでも、イエ制度の廃止、基本的人権の尊重という政策は、女性の社会的な地位を押し上げ、高度経済成長期の終わりから、相対安定期に入ると、日本の伝統的家族制度である権威主義家族は、一気に英米型の核家族へと変貌していった。その後の男女雇用機会均等法や、派遣法の改正など、女性が働ける環境が変化するに従って、女性の結婚年齢が上がり、それに伴って初産年齢も上昇したわけである。

この変化の中心にあったのは、日本の伝統的な家族制度である、家父長制や四世代、三世代同居といった大家族制の崩壊であったことは明白だろう。

だからこそ、安倍政権の政策立案者が、ここに目をつけて、もう一度、伝統的な家族制度を復活させれば、少子化に歯止めがかかると考えたのかもしれない。

しかし、一旦壊れた家族制度が、政治的な政策によってもとに復するなどということは、歴史上、あるいは世界のどこにも、かつてなかったことであり、これからもないであろう。

なぜなら、家族制度の変質こそが、社会発展の帰結として、必然的に起きてきた現象であり、それは人為的な政策を超える、人間の欲望の目に見える形式であるところの生活それ自体の変化によってもたらされた結果だからである。どうしてまたもとの不自由な家族制度へ戻ろうとするだろうか。誰も、飲みたくない水を、無理に飲もうとはしない。

もし、この先に出生率の低下を抑制する何かがあるとすれば、過去のモデルの中にあるのではなく、社会発展の先にある未知のモデルになる他はないということである。その、未知のモデルができるのは、新しい制度なり、価値観の変化によって新しいライフスタイルが定着したときだろう。その先進事例のいくつかを、欧米先進国にみることができる。

西欧先進国の事例

図表6（45頁）に見られるように、超長期的な人口動態は、ヨーロッパにおいても、日本のそれと同じようなカーブを描いている。ただ、ドラスティックかつ長期的な人口減少フェーズに入ったのは、日本の方が先なのかもしれない。高度経済成長や相対安定期の経済成長が、めざましかった分だけ、ライフスタイルの変化も激しく、急激に家族制度の崩壊をもたらしたといえる。

とはいえ、ヨーロッパ先進国においても、少子化現象は続いており（図表14）、それぞれの国が、人口維持のための対策を講じている。

図表14の説明として、以下の文章が付されている。

（後半部分抜粋）1960～70年にかけては、南部ヨーロッパの一部とアイルランドを除くすべての国で低下しており、特に北部ヨーロッパのデンマーク、フィンランド、アイスランド、北アメリカで低下が顕著であった。この時期のわが国の出生率は、第2次ベビーブームにより上昇に転じている。

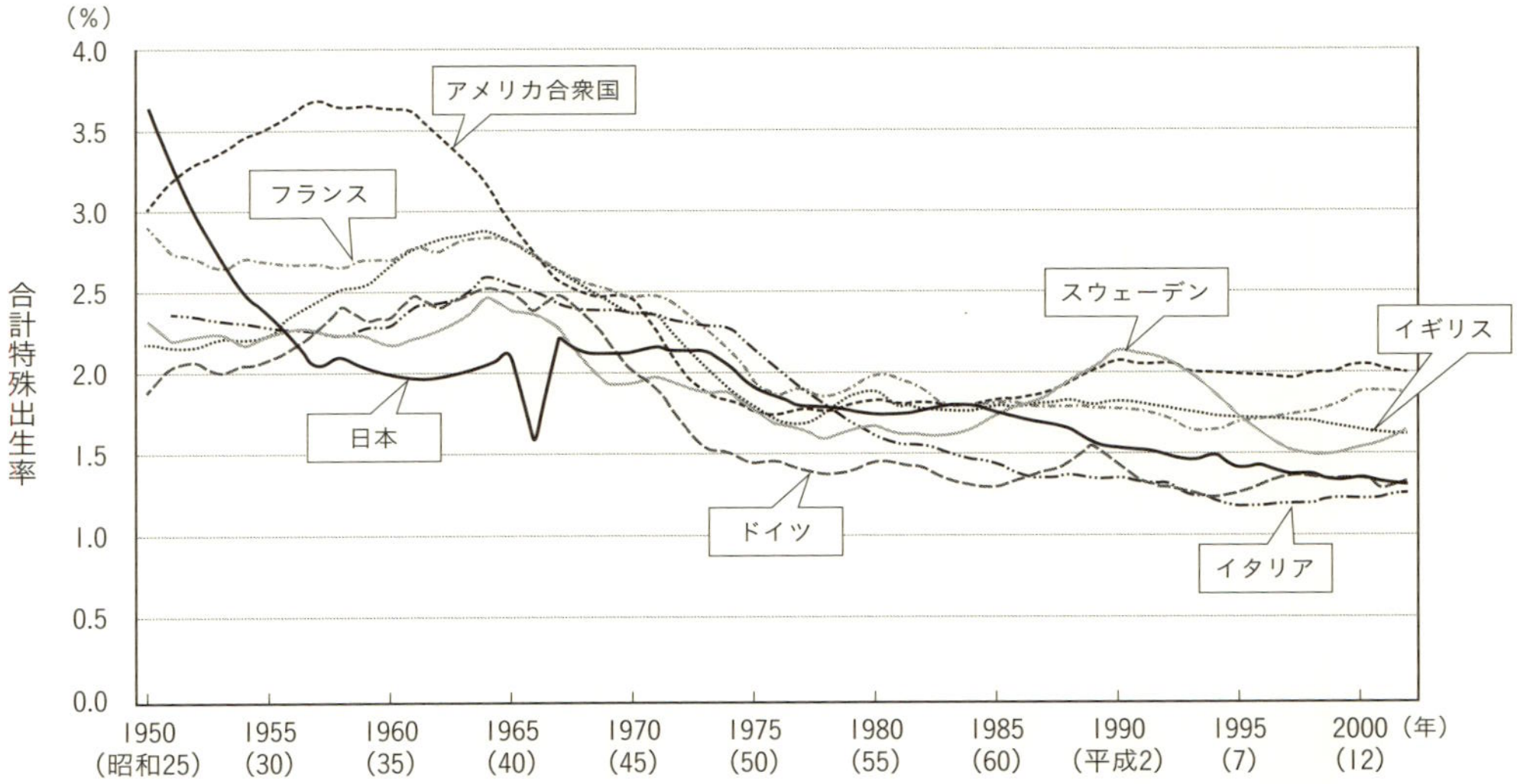

資料：U.N. "Demographic Yearbook", Council of Europe "Recent demographic developments in Europe", U.S. Department of Health and Human services "National Vital Statistics Report", 厚生労働省「人口動態統計」

図表14　主な国の出生率変化
出典：内閣府 HP
http://www8.cao.go.jp/shoushi/shoushika/whitepaper/measures/w-2004/html_h/html/g1630010.html

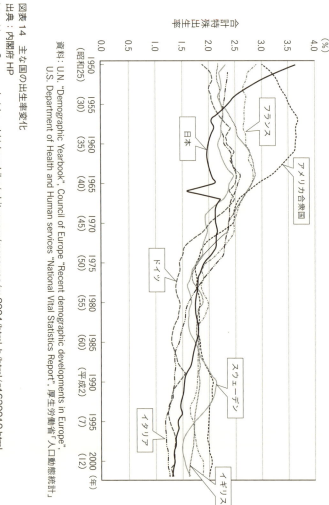

1970～80年にかけては、すべての国で出生率が低下しているが、特に顕著なのは北部ヨーロッパのアイルランド、ノルウェー、南部ヨーロッパのイタリア、ポルトガル、スペイン、西部ヨーロッパのオーストリア、オランダ、そしてオーストラリアである。この時期の日本は出生率が低下に転じており、これは現在まで続くことになる。

1980～90年では、出生率の上昇がみられる国があり、北部ヨーロッパのデンマーク、フィンランド、ノルウェー、スウェーデン、北アメリカでこの傾向が顕著であった。1990～2002年にかけては、北部ヨーロッパのデンマーク、西部ヨーロッパのフランス、ルクセンブルク、オランダで出生率が上昇し、ベルギーで同水準である以外は、すべて低下している。

このように先進国の40年間の出生率の動向をみると、全体としては低下傾向にあり、すべての国で人口置き換え水準を割っている。世界的にみれば、ほとんどの先進国が少子化社会となっているが、北部ヨーロッパのアイスランド、アイルランド、西部ヨーロッパのフランス、北アメリカのアメリカが、比較的高い合計特殊出生率の水準を維持している。

なお、国連の人口推計によれば、2000年から2025年にかけて、日本以外に、イタリア、ドイツ、ロシア、ウクライナなどが、人口が減少していくと予想されている。

(http://www8.cao.go.jp/shoushi/shoushika/whitepaper/measures/w-2004/html_h/html/g1630010.html)

オランダでは、70年代以降出生率が大幅に低下して、1995年には過去最低の1・53まで落ち込んだ。オランダ政府は、大胆な政策を実行する。法律婚をしないカップルや、同性カップルが子どもを育てることを認める「登録パートナー制度」の実施である。このことは、婚外子に対して、嫡出子と同等の権利をあらゆる面で与えることを意味する。経済的には、ワークシェアリングや同一労働同一賃金の徹底によって、家族としての経済的余裕や、家族が一緒に過ごす時間を増やすことを促進したのである。このオランダの政策は、これまでの、子どもは結婚した家族の賜物という従来の考え方を転換し、従来型の家族とは異なる新しい形の共同体を家族として認めていこうという試みである。

フランスの場合も1994年、1995年に、出生率1・65まで落ち込んだが、2000年に前後して、この数字は回復傾向にあり、1・8～1・9まで上昇している。その理由のひとつは、99年に成立した連帯市民協約法（PACS）で、長期間にわたり同棲生活をしていたパートナーに対しては、配偶関係と同等の権利を与えるというものであった。たとえば、それまで個人で別々に納税していたパートナーは、世帯納税となって節税ができ、PACS締結後2年が経過すると、贈与税や相続税も法律婚夫婦と同様の軽減措置を受けられるようになっている。

これ以外にもフランスは、積極的な家族政策を推進しており、家族手当や、養育手当、出産費用支給など様々な優遇措置を講じている。とくに、所得税に関しては、所得を世帯全体で割り、世帯人員一人当たりの所得に基づいて税額を算定しており、世帯人員が多いほど全体的な税率が下がるようにしている。つまり、子どもが多いほど税率が軽減される政策を実施している。


スウェーデンの場合は、1960年代より出生率の低下がみられたが、80年代になると上昇に転じ、その後90年代前半には低下したものの、再び上昇し、2003年には1・71まで回復している。この国で、特徴的なのは、福祉政策が行き届いていることが挙げられるが、非法律婚カップルに対する法的な差別をなくし、さらに子どもを出産する間隔を短くすると優遇措置が得られるスピードプレミアム制度などが導入されていることがあげられる。スウェーデンの伝統的な家族形態は、日本と同じ権威主義家族であり、この国の人口政策は参考になる。本書の終わり近くに、スウェーデンの例をもう少し詳細に分析することになるだろう。

図表15に見られるように、ヨーロッパ先進国において、婚外子比率は40～50％になってい

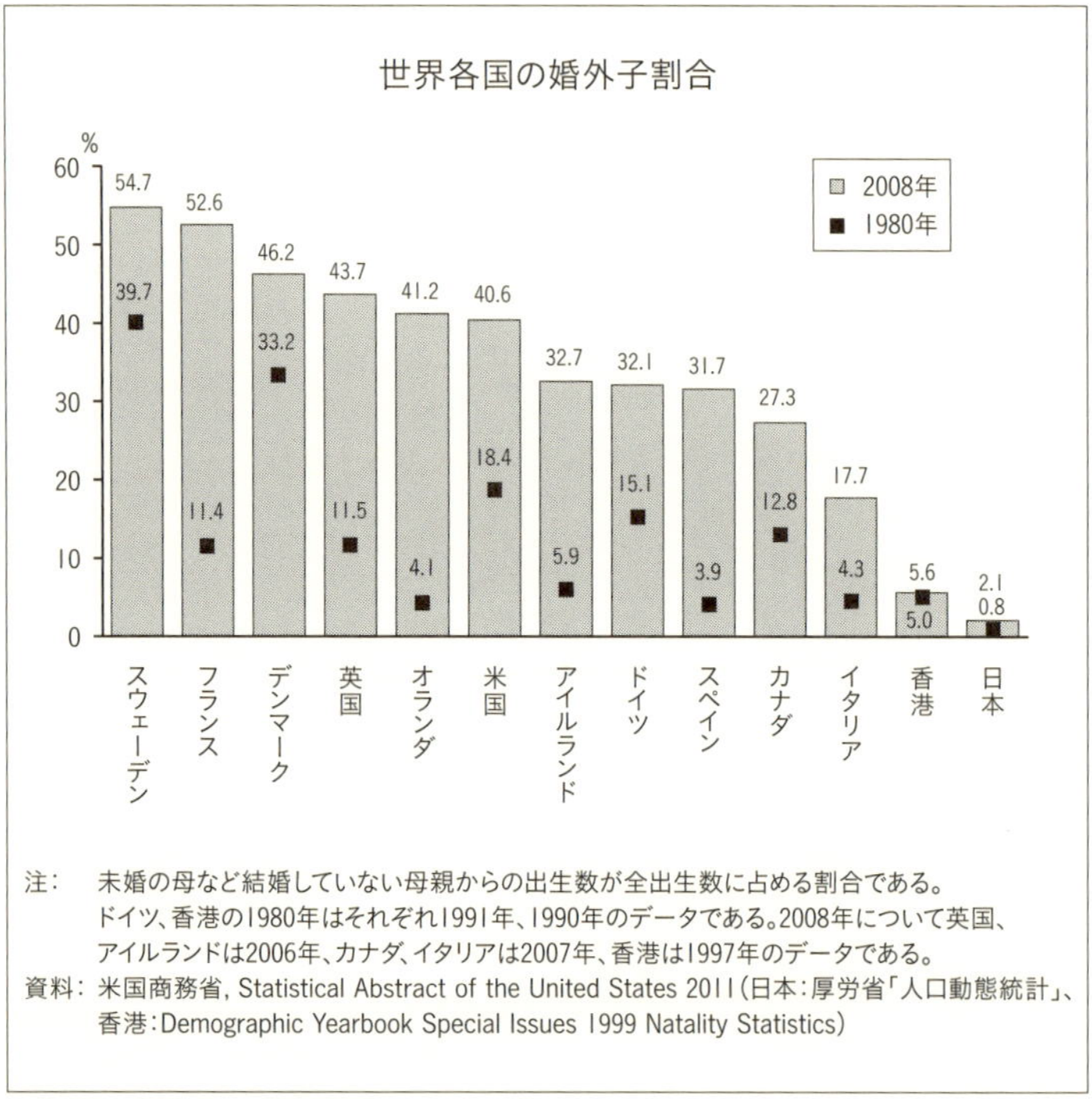

図表15　各国の婚外子比率比較
出典：「社会実情データ図録」
http://www2.ttcn.ne.jp/honkawa/1520.html

る。これに比して、日本は極端にその比率が低い。これが、何を意味しているのかははっきりしている。先進国のどこも、文明化、近代化の進展のなかで、伝統的な家族制度が崩壊しつつあり、法律婚に関してはもはやこだわらないという政策へ移行しているが、日本においては、未だに法律婚への縛りが強いということである。実態は、伝統的家族形態はほとんど崩壊しているにもかかわらず、その封建的価値観だけはしぶとく生き残っているということだろう。

第4章

日本人の家族観

カリフォルニアの結婚式

確か2000年の前後だったと思うが、わたしは自分のかつての部下の結婚式に出席するために、アメリカ西海岸のマリブへ行ったことがあった。部下とはいっても、わたしが翻訳会社をやっていたときに、アルバイトで入ってきた美しい娘さんで、当時はすっかり大学生だと思っていたのだが、まだ高校生であった。それも、アメリカからの帰国子女で、翻訳関係の仕事の見習いをしたいということであった。

その後、なんとなく、仕事上の父親代わりのような役割を演ずることになってしまい、彼女の実のご両親とも親しくお付き合いすることになった。

彼女は成人してしばらくのち、仕事の都合でアメリカに暮らすことになった。それから間もなく、彼女から結婚式に出席してほしい旨の連絡があった。

当時は、わたしもアメリカに小さな会社を作り、ちょくちょく出かけていたので、二つ返事で出席すると答えた。マリブは、ロサンゼルスからほど近い、風光明媚な海岸で、その海岸沿いにある丘の上で結婚式を挙げるのだという。いかにも、当世風の、しかもアメリカ西海岸らしい結婚式で、こういうのもいいものだと思ったものである。

丘の上の教会での式が終わり、海岸沿いのレストランに移動して、日本で言うところの披露宴が行われた。このときに、新郎の両親や親戚一同が列席していた。新郎の両親は、今は離婚しており、それぞれ別々のパートナーと暮らしている。父親はラスベガスの顔役ともいえる人物で、パートナーはまるで映画女優のように、胸元を大きく開けたドレスを身に纏った、グラマラスなブロンド美人であった。おそらく、年齢は父親の息子と同じぐらいなのだろう。父親はその女性を膝に乗せるようにして、抱いていた。

一方の母親は、石油の採掘で財をなした富豪の娘で、年配のカウボーイのようなパートナーを連れていた。パーティーの間中、この両親は目を合わせることもなく、それぞれのパートナーと一緒だった。かれらは、まぎれもない富豪であり、上流階級に属していた。

パーティーの途中で、カメラマンが登場し、家族写真を撮るということになった。驚いたことに、新郎の両親は、それぞれのパートナーから離れて、カメラの前に集合し、新郎、新婦、新郎の両親という、その場限りの家族が出来上がったのである。離婚しているはずの両親は、子どもたちを囲んで、見事に仲睦まじい両親の役割を演じたのだ。にっこりとほほ笑んでいる両親に囲まれた、新郎と新婦という構図である。撮影が終わると、両親は無言のまま、それぞれのパートナーの元へと散っていった。

わたしは、これには心底驚いてしまった。この家族写真は、いわば偽の家族写真である。おそらくは、このハリウッドにほど近い町の、あちらこちらで、同じような光景が繰り広げられているに違いない。かれらにとって、家族とはもはや、このような演技の中にしか存在しないのかもしれない。それでも、この幻想の家族写真は、かれらにとってなくてはならないものなのだ。結束の固い、健康的で、暖かいファミリーは、アメリカ人にとっての共通の、「幸福のイコン」なのだと思った。

しかし、それがイコンであるということは、現実には、それがもはや失われていることを意味していた。

80年代から90年代にかけて、アメリカ経済が双子の赤字に苦しみ、長期化する中東やアフガニスタンの戦争で疲弊し始め、アメリカの威信は大きく傷つけられることになった。それ以上に、アメリカ社会の病巣が、格差の拡大や、幼児虐待、銃乱射事件、離婚の増加、移民問題などのかたちで、表面化していたのである。

おそらくは、この頃より、健康で、暖かいファミリーの肖像は、額に嵌め込まれ、壁に飾られることになるのを、多くのアメリカ人が予感するようになっていたのではないだろうか。

一般的に言って、アメリカ人にとってのファミリーは、他のヨーロッパの国と比較しても、特別な意味合いを持っていたはずである。イギリス本国から追われるようにして、アメリカ大陸に入植してきた分離派の清教徒にとって、信じられるものは、家族だけであった。家族は、まさに新大陸で生き延びていくための、物理的、精神的なセーフティーネットだったのだ。

　その証拠に、アメリカでは、50年代〜70年代にかけて、ファミリーをテーマにした映画や、テレビドラマが数多く作られている。『パパは何でも知っている』（1954－1960）、『うちのママは世界一』（1958－1966）、『パパ大好き』（1960－1972）、『エディの素敵なパパ』（1969－1972）、『ママは太陽』（1968－1973）、『ゆかいなブレディ家』（1969－1974）、『わが家は11人』（1972－1981）、『大草原の小さな家』（1974－1982）。まだまだ、他にもあるだろう。これほど、多くの家族の映画を持つ国が、他にあるだろうか。日本はどうだろうか。どこの国においても、家族の映画はあるだろう。しかし、テレビが家庭に入ってきて以来、つねに家族のドラマ（ホームドラマ）が、放送されていたのは、アメリカを除いては無いだろう。

　ホームドラマがゴールデンタイムを席巻していた50〜60年代。この時代はいわば、アメリカの黄金時代であった。経済で世界をリードし、自由と正義と家族愛が満ち溢れている時代。何においてもアメリカが先進国のロールモデルであった時代である。

　右に上げたホームドラマのいくつかは、日本でも放送された。わたしは、小学生の頃『パパは何でも知っている』を見て、アメリカの家族とは何と裕福で自由なのだろうか、なんと仲が良いのだろうかと感じたものだ。自分の家族はあんな風に親しげではなかったし、親と友達のように話をすることもなかった。

今日、一口にアメリカ人と言っても、そこには様々な人種があり、様々な文化が混在している。アメリカは移民の国であり、その成立から今に至るまで、民主主義の理想や、経済的繁栄や、社会的正義を追求する実験国家であるという側面を持っている。一方では、覇権国家として、経済的、政治的に常に世界をリードしているという自負があり、それは軍事的な分野においても、最強でなければならないという宿命を負っている。つまり、アメリカはアメリカ以外の世界に対しても責任を持っているということである。多くのアメリカ国民はそう考えていたはずである（アメリカファーストを掲げるトランプ新大統領は必ずしもそうではないようだが）。

覇権国家として、冷戦時代より局地的な戦争を行ってきたような国家であるアメリカにおいて、家族はひとつのシェルターであり、最も心休まる場所であった。しかし、60年代以降、平和と安定のイコンだった家族が、もはや幻想でしかなくなりつつあり、実態としては崩壊過程に入っていたというべきかもしれない。80年代に入ると、この現象に揺り戻しが起きる。それは、ロナルド・レーガンが第40代アメリカ大統領になった時期に重なっている。レーガンのアメリカが、政治・経済政策においても、社会政策においても、古き良きアメリカという幻想への回帰だったということが分かる。それは一歩家を出れば、暴力と、騙し合いの弱肉強食の世界が待つ、カウボーイの時代への回帰である。家庭は、そのような時代に、誰もが武装解除できる安全なシェルターだった。

しかし、一旦崩壊して再生した家族は元のような生き延びていくためのシェルターというよりは、世間体を繕うための、真似事のような、疑似的な家族だったのかもしれない。

「アメリカの家族は、幻想なのだ」

それが、90年代の後半、西海岸の結婚式に出席してわたしが抱いた感想であった。

もう少し詳細に、アメリカの家族の変質の歴史を眺めてみよう。実際のところ、アメリカの家族構造が急激に変わり始めたのは、1965年前後である。これ以降アメリカでは、急激に離婚率が上昇する。65年に1000人あたり2・5人だったのに対して、5人以上となり倍以上に増加している。その理由を一口に言うことはできない。アメリカの家族をつぶさに観察してレポートしている岡田光世氏は、著書『アメリカの家族』(岩波新書、2000年)のなかで、「一九五〇年代に典型的だった家族はすっかり少数派になった。六〇年代に入ると、伝統からの解放、性の解放が叫ばれ、七〇年代には、非婚や離婚は、自立した女性の象徴となった。親になることよりも、キャリアを積み、自分らしく生きることが、トレンドとなった」と述べている。確かに、ＤＩＮＫＳ（ダブルインカムノーキッズ）といった言葉が、先進的家族形態であることの同義語として、この頃から、日本にも輸入されてきた。

図表16に見られるように、１９６０年代から増え始めたアメリカの離婚率は、１９８０年前後にピークを迎え、その数は先進国の中でも突出したものになっている。

アメリカは、伝統的には英国と同じ家族形態を持っているが、英国社会がアメリカに比べれば保守的であることが、このグラフからだけでも見てとれる。その英国も、日本やドイツといった権威主義的な家族形態を伝統とする国に比べれば、家族的紐帯は脆弱なものであった。

イギリスやアメリカに代表される家族形態（絶対核家族）を持っている地域においては、長子であっても、結婚したら両親とはなれて所帯を持つのが、一般的であり、二世代同居のない家族がほとんどである。それに対して、日本やドイツ、スウェーデンは長子相続型の権威主義家族という形態が伝統的なものである。

グラフの離婚率に関しては、これらの長子相続型の伝統を持った夫婦の離婚率は、英米に比して少ないのが分かる。それにしても、アメリカの家族崩壊は、同じ家族形態を持つ英国と比しても突出したものになっており、この現象が単に家族形態の特性からは説明できないことを示している。

主要国の離婚率推移(1947〜)

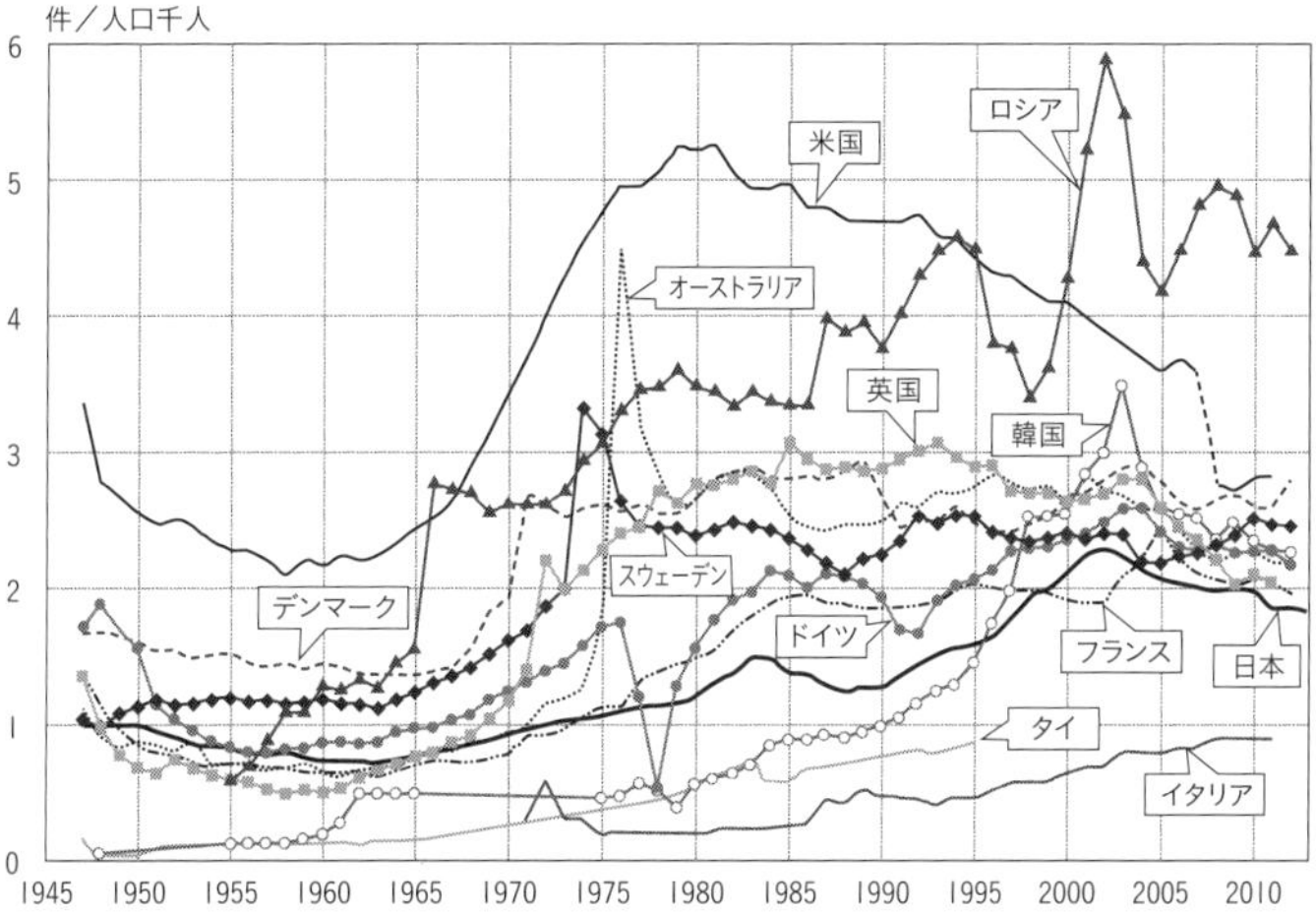

注：　ドイツの1990年までは旧西ドイツの数値である。英国の1970年まではイングランド・ウェールズの数値である。ロシアの1986年までは旧ソビエト連邦の数値である。米国1997〜2007年は米国商務省推計。

資料：離婚に関する統計(平成21年度人口動態統計特殊報告)、Statistical Abstract of the United States 2011、UN Demographic Yearbook 2009-10, 2012, 2013

図表 16　主要国の離婚率推移
出典：「社会実情データ図録」
http://www2.ttcn.ne.jp/honkawa/9120.html

70年代の後半から80年代のアメリカに何が起きていたのかは大変に興味深い論件である。1979年の第二次オイルショックによって、アメリカ経済は深刻なスタグフレーションに陥っていた。失業とインフレは、下層階級の生活を直撃し、企業も不景気のあおりを受けて沈滞していた。そこに登場したのが、ロナルド・レーガン大統領（81年から89年まで）であり、レーガンは国内の不況を乗り切るための方策として、通常考えられる節約志向とは反対の、積極財政を打ち出し、企業減税や福祉の切り捨てを断行していった。所謂、新自由主義的な政策を行ったのである。この新自由主義的な政策は、経済においては過剰流動性という現象をもたらし、個人の価値観のなかに、競争原理が内面化されることになっていく。自己決定、自己責任論、自己実現といった言葉が言われるようになるのは、社会や共同体が、個人を包摂し、救済することから撤退し始めた時期と重なっている。この時期、アメリカの国際収支は急激に悪化する。1986年のアメリカの対日貿易赤字は、史上最悪の700億ドルになったという（『日本は悪くない――悪いのはアメリカだ』下村治より）。

今日、第45代アメリカ大統領、ドナルド・トランプが、どのようなアメリカをつくっていこうとしているのかは未知数である。下層に転落した白人層の支持をとりつけ、移民を排斥し、積極的な財政政策をすすめるトランプの政治は、レーガンの政治と似ているように思える。もし、この予想が当たっているのなら、今後予想される日米関係は、日米貿易不均衡をめぐる激しい貿易摩擦である。

レーガンのアメリカは、日本の貿易黒字に対して、アンフェアであり、構造的な問題であると言いがかりをつけて、その改善を日本に求めてきた。日本の相対安定期にあたる1961年から1982年までの22年間における貿易黒字の総計が、350億ドルであったのに対して、1984年には単年度で22年間分の黒字と同額の黒字を計上している。その翌年はさらに、黒字が膨らんでおり、対照的にアメリカの赤字が膨らんだ。日本の輸出力を殺ぐために、アメリカは、プラザ合意によって円高に誘導し、強い日本のモノづくり産業が、通貨安のアジア諸国へ移転するように仕向け、国内産業の基盤を空洞化させていった。その後も、日本の銀行をBIS規制という枠で締め上げるなど、あらゆる方法で圧力を加えていった。

そして、本来的には、日本の国益のために戦うべき政治家やエコノミストは、いとも簡単にアメリカの言い分に迎合していった。

なぜ、アメリカが主導するルール変更にやすやすと応じなければならないのか。なぜ、地道に努力を重ね、実績を積み上げてよい製品を送り出すようになった日本の産業が批判されなければならないのか。当時、このような主張をしているエコノミストはほとんどいなかったが、ひとり下村治は、悪いのは日本ではなくアメリカであるという論陣を張ったのである。

今から見れば、今村の主張が正鵠を射たものであったことが了解されるだろう。

話をアメリカの家族に戻す。アメリカが貿易収支で巨大な赤字を抱え込んだ理由のひとつは、アメリカ人たちが、借金で生活を膨張させて、贅沢な消費生活を謳歌していたことと無関係ではない。いや、レーガンの登場以来、アメリカは一種の借金バブルのような状態になり、国全体が浮かれたような気分になっていたのかもしれない。その中で、貧富格差が拡大し、富裕層における家族もまた変質していった。金銭一元的な価値観が隆盛になれば、家族や共同体のメンバーと分配し助け合う家族的紐帯よりも、自己利益を最大化して生き延びようとするような価値観が蔓延してくる。80年代の初頭まで続いていた離婚率の高さは、こういった経済的背景と無関係だとは言えないだろう。

1979年に公開されたアメリカ映画『クレーマー、クレーマー』（ロバート・ベイトン監督）には、この頃の、都市部における家族の様相がよく描かれている。家庭を顧みず、家事と育児を妻に押し付け、典型的な会社人間だった夫テッド（ダスティン・ホフマン）に対して、妻ジョアンナ（メリル・ストリープ）は、自分も打ち込める仕事をしたいと打ち明ける。妻の言葉に耳を傾けぬ夫に愛想をつかした妻は、家を出てしまう。家に残されたのは、仕事人間のテッドと息子ビリーのふたり。父子家庭をなんとかやりくりしようとするが、なかなかうまくいかない。徐々に、父子家庭の生活が軌道に乗り始めた頃、別れた妻が突然息子の養育権を主張する裁判を起こす。裁判の結果は、妻が勝訴してテッドはビリーを別れた妻に引き渡さなければならなくなる。

そして、引き渡しの当日がやってくる。

映画は、非常に興味深い展開になるのだが、この作品にあるのは、家族の破壊と再生の物語である。家族を破壊する要因は、暴力や、貧困といった問題よりも、むしろ夫も妻もともに抱いている自己実現への欲求である。個人が自己実現してゆくためには、家族は重荷でしかなくなることがあるというわけである。

しかし、重荷であった家族は、それを失ったときにはじめて、その大切さに気がつく。よくある物語のパターンだが、この作品にはこの時代を特徴づける「お金と絆」「個人と家族」「仕事と家庭」といった二項対立の不毛がうまく描かれていた。そしてこの映画を観た都市生活者は、誰もが自分の中に、テッドやジョアンナを発見することになったのである。

皮肉なことに、家族の崩壊は、一方では家族への憧憬の意識を強くする。

離婚をしても、非婚であっても、家族という最後の砦としての共同体を確保したいと思う。そして、90年以降になると離婚率が急激に減少し始め、これまでとは異なった家族像というものが浮上してくる。

先述の岡田光世氏によれば、アメリカで「シングルで子どもを持つ人たちは、一九七〇年代後半から一気に増えた。母子家庭のうち、結婚未経験女性の占める割合が、九〇年代には三三%だったのが、九七年には四一%となっている。父子家庭も十四%から十七%と増加している。九八年春、『家族仕事研究所』が発表した調査結果によると、働く親の十九%がシングルだ。さらに働くシングルの親のうち、二七%が男である」とのことである。そして、この伝統的な家族ではない、新しい家族形態は、高学歴で中流の白人女性に顕著であると続けている。彼女らは、そのような生き方を自ら選択しようとしている。ドナーや、人工授精や、養子縁組といった方法で、結婚とは別の仕方での家族を作ろうとしているといえるだろう。

経済政策だけが家族形態の変化に影響を与えたと見るのは、いささか勇み足であるし、もう少し多様な変数を考慮しなくてはならないだろう。しかし、ミレニアム以降、今度はグローバリズムの波に飲まれることになった韓国や日本という権威主義的な家族形態を持つエリアで、離婚率が急上昇したことを考えると、経済政策に伴う、ひとびとの生活に対する選好の変化、価値観の変化が、家族形態に重大な影響を与えているのは確かだといわざるをえない。言い換えるなら、消費社会化の進展のなかで、ひとびとが進んで家族を解体させることを選択したという側面もあるということだ。

翻って日本を見てみれば、戦後70年とは、伝統的家族形態が崩壊する過程であったというのが、わたしの前著『移行期的混乱』の趣旨であった。そもそも、この長子相続、権威主義という家族形態とは、どんな起源を持っており、どんな精神的背景のもとに存続していったのか。わたしたちは、あまりにも慣れ親しんでいるがゆえに、意識の表面には出てこない日本の家族とは何だったのかという問題を、あらためて引きずりださなくてはならない。

日本人の家族意識

珍しい事実が新聞には時々伝えられる。門司では師走なかばの寒い雨の日に、九十五歳になるという老人がただ一人傘一本も持たずにとぼとぼと町をあるいていた。警察署に連れて来て保護を加えると、荷物とては背に負うた風呂敷包みの中に、ただ四十五枚の位牌があるばかりだったという記事が、ちょうど一年前の朝日新聞に出ている。こんな年寄りの旅をさまよう者にも、なおどうしても祭らなければならぬ祖霊があったのである。（中略）

死んで自分の血を分けた者から祭られねば、死後の幸福は得られないという考え方が、いつの昔からともなくわれわれの親たちに抱かれていた。家の永続を希う心も、いつかは行かねばならぬあの世の平和のために、これが何よりも必要であったからである。

（『明治大正史 世相篇』柳田國男、講談社学術文庫）[*7]

柳田國男は、家や先祖供養に関する重要な概念として、「血食」という語を強調している。「血食」とは、ひとつの思想である。辞書を引けば、「いけにえの動物を供えて先祖の霊を祭ること。子孫が続いて先祖の祭りを絶やさないこと」と出てくるだろう。つまり、先祖から後々の子孫までが縁で繋がれており、人間の心の平和はその縁を絶やすことのないようにすることのうちにあるという思想である。

服喪儀礼も追善供養も、施餓鬼も、盆や彼岸の習俗も、死者との縁を絶やさないための儀式であり、家は縁が結集する「場」でもあった。

人が、子を欲し、孫が生まれることを欲すること。家の繁栄を祈願すること。土地を利用する職業を重んずること。これらのこともまた、血食の思想が背景にあり、その装置である家を絶やさないための工夫であった。

多くの日本人にとって、先祖を祀ることはほとんど宗教的な儀式であり、先祖とともに生きているという感覚が、現世でのふるまいに規矩を与えていたと言ってもよいと思う。ご先祖様に恥じない生き方が求められ、そのことは生活全般にわたって道徳や倫理に近いかたちで浸透していた。一神教的な絶対的な善悪の基準を持たない民族にとって、経典もなければ、系統だった教義もないところで、何をよりどころとして生活を律してゆけばよいのか。おそらくは、家に代々続く先祖の霊を守護すること、同時に、その先祖によって自分が守護されていると感じる死者との連続性が、ひとびとの生活を律していたのではないだろうか。この感覚は、戦後は次第に希薄になっていくのだが、自分の親の世代（戦中派世代）までは、日本人全体に染みこんでいただろうことが、経験的にも了解できる。

家族とは、今生きている家族だけではなく、死者をも包含する概念だったのだ。こうした世界観は、日本人にとってはごく当たり前のことであり、江戸期以降、明治、大正、昭和と続く時代の帯の中でも、一般的に受け入れられていた。

神棚と、仏壇があり、場合によっては商売繁盛の御札が掲げられ、毎朝仏壇に向かって手を合わせて、先祖の霊に家内安全や、病苦災厄からの守護を祈ることは、普通の家庭でもよく見られる光景であった。この先祖から子孫までを包含する家は、現世的なセーフティーネットであると同時に、精神的な支えとしても機能していただろう。

「最後に頼れるのは、親兄弟や親類縁者」あるいは、逆説的に「遠くの親戚より、近くの他人」といった言葉が今に至るまで、普通に人口に膾炙しているのもまた、家あるいは家族というものが、日本人の世界観の中枢であり、そこから同心円的に世界を発想するというコスモロジーが、戦中の八紘一宇といった思想を受け入れてしまう土壌になったことにも、必然性があったということである。こうした、日本人に特有の家族観、家族システムは、戦後徐々に変質していった。これは、日本だけに限ったことではない。濃淡はあれど、日本と同じ家族形態を伝統的に持っていた韓国や、その他の東南アジア諸国においても、戦後の経済発展の進行にしたがって、徐々に伝統的な家族から、核家族へとその形態を変化させていった。

伝統的な家族観が徐々に崩壊していった要因は、三世代同居や長子相続といったシステムが時代に合わなくなって、セーフティーネットとしても、精神的支柱としても機能しなくなったからだろうか。あるいは、もっと別の要因によって、日本の家族システムが解体していったのだろうか。

家族システム変容の要因

2015年12月7日の毎日新聞朝刊に、戦後の「家族」の変化についての長文の特集が組まれていた。トップページ五段と、特集ページ見開き全部という新聞では珍しく読ませる記事であった。

「これまで・これから～戦後70年」という連載特集の締めくくりとして「家族」にスポットを当てた特集であり、70年間という長い時間の中で起きたことを検証する意欲的な試みである。新聞をはじめ、メディアは、瞬間的な事故や事件に対しては報じるが、長い時間を潜り抜けながら進行する本質的な問題を検証することをほとんどしてこなかった。

インターネットの時代になって、新聞がもはや速報性という特性を失ったことにより、こういった記事が書かれるようになったということだろう。

以下少し長いが抜粋してみよう。

お茶の間、細分化

高度成長期に「三種の神器」として、街頭から家庭に入ってきたテレビは、一家だんらんの象徴だった。数々の番組の中でも家族を題材にしたホームドラマは、時代を映す鏡だった。ドラマを通して家族の移り変わりを振り返る。

1953年にテレビの本放送が始まった。それ以前の庶民の楽しみはラジオや映画だった。戦災による悲恋を描いたラジオドラマ「君の名は」（NHK）が人気を集め、小津安二郎監督の名作「東京物語」は、早くも戦後、変わりゆく家族の関係を取り上げている。

皇太子（当時）ご結婚の59年を契機に、各家庭にテレビが急速に普及し、60〜70年代にかけてホームドラマは全盛期を迎える。「七人の孫」（ＴＢＳ系）、「肝っ玉かあさん」（同）、「時間ですよ」（同）など、ほのぼのとした大家族の人間模様や家庭の喜怒哀楽を描いたドラマが次々と登場した。

60年代のドラマ事情について、放送評論家の松尾羊一さんは「当時は祖父母から孫まで各世代がお茶の間でテレビをみていた。だから大家族ドラマが流行し、家庭内の小さな出来事を分かりやすく見せるドラマが好まれた」と振り返る。

70年代に入ると、都市部を中心に核家族化が広がり、ドラマにも変化が生じ始める。嫁しゅうとめ問題を取り上げた「となりの芝生」（ＮＨＫ）は本音が飛び交う辛口ドラマ。理想的にみえる家族がもろくも崩れていく「岸辺のアルバム」（ＴＢＳ系）なども話題を集めた。

80年代には家庭内暴力を扱った「積木くずし」（ＴＢＳ系）、不倫を主題にした「金曜日の妻たちへ」（同）など家族の危機を取り上げたドラマが人気となる一方、離婚し父子家庭の親子が主役の「北の国から」（フジテレビ系）のように、さまざまな家族の形が描かれるようになった。

90年代以降は、現実の家族のあり方が複雑化し、ドラマが描く家族も変容する。「渡る世間は鬼ばかり」（ＴＢＳ系）は女性の自立、介護、遺産相続など幅広いテーマを網羅した。

２０００年以降ではシングルマザーが主人公の「私の青空」（ＮＨＫ）、専業主夫を描いた「アットホーム・ダッド」（フジテレビ系）、非血縁家族の物語「マルモのおきて」（同）なども登場した。近年のドラマを振り返り、松尾さんは「家族の形が細分化し、ホームドラマと呼べるものが作りにくくなっているのではないか」と指摘する。

単身世帯、主流に

１９５０年代前半から約20年続いた高度成長期に日本の産業構造の中心は、農林水産業から製造業、サービス業へとシフトした。これは、就業の「サラリーマン化」と、大都市への人口移動という大きな社会変化をもたらした。家計の単位でみれば、学校を卒業後、大都市にある事務所や工場で正社員として働き、結婚して家庭を持つと、主に父親の給与収入で一家の生計を支えるという大きな流れができた。

こうした「両親と子ども」からなる世帯が、総世帯に占める割合は70年代半ばに4割超を占めたが、それをピークに縮小へと向かう。これは少子化と密接に結びついている。

１人の女性が生涯に何人の子どもを産むかを推計する合計特殊出生率が、人口が一定に保たれる人口置換水準（2013年では2・07）を下回ったのも同時期だ。そして現在もその流れに歯止めがかかっていない。

これらの底流にあるのは晩婚化と非婚化の進行だ。平均初婚年齢は80年に男性28・7歳、女性25・1歳だったが、2010年にはそれぞれ31・2歳、29・7歳に上昇した。生涯未婚率（50歳時点で一度も結婚をしたことのない人の割合）は80年に男性2・6%、女性4・5%だったが、10年にはそれぞれ20・1%、10・6%に高まった。

その要因は複合的なものだ。高学歴化が進み、働く女性が増えて結婚しなくても生活していける環境が生まれた。

一方、90年代後半から企業は、人件費抑制から非正規雇用を増やし、経済的な自立が難しい男性が現れた。コンビニや外食産業が発達し、1人暮らしでも不自由さは減り、また、見合いや職場結婚の機会が失われたことも大きい。

こうして家族のあり方は多様化へと向かっている。バブル崩壊後の90年代に、自立できずに未婚のまま親と同居した若者は中年層にさしかかっている。離婚が増え「ひとり親と子」の世帯も増加した。もはや中心となる家族のかたちは存在していない。

夫婦と子の世帯に代わり、現在、最大の割合を占めるのは単身世帯だ。このため総人口は08年の1億2808万人をピークに減少に入ったが、世帯数は増加している。

単身世帯を年代別でみると、20代の若い独身層が現在、最も多いが、次に60代の層で多くなっている。今後はこの層が高齢化するため、高齢単身者が増加するのは確実だ。単身者は、失業や病気で働けなくなればすぐさま貧困に陥ったり、社会的に孤立したりするリスクがある。日本社会で、居住や家計をともにする「家族」のありかたが大きく揺らぎつつあるのは間違いない。

（「毎日新聞」２０１５年12月７日）

記事は、「お茶の間、細分化」という小見出しで、戦後70年の間に放送されたテレビドラマの特徴が紹介されている。アメリカの家族のところで述べた、「パパは何でも知っている」が50年代の終わりに、日本テレビ系で放送され、60年代・70年代には、「七人の孫」「時間ですよ」「寺内貫太郎一家」「となりの芝生」「岸辺のアルバム」と、権威主義的家族の価値観がまだ色濃い時代のホームドラマが放送されている。

この様相が一変するのが、80年代以降で、早くも家族の崩壊がドラマのテーマとして登場してきた。「積木くずし」「金曜日の妻たちへ」は、親子関係や、夫婦関係といったものが、それまでのような安定したものではなくなりつつある時代の家族の問題に焦点が当てられている。同時期に放送され話題になった「渡る世間は鬼ばかり」も、女性の自立や、介護、遺産相続といったことがテーマになっていた。

そして、2000年以降は、シングルマザーを描いた「わたしの青空」、専業主夫を描いた「アットホーム・ダッド」、非血縁家族の物語「マルモのおきて」へと続いていく。ここまでくると、もはや、日本の伝統的家族形態はテレビのホームドラマからは消えている。

テレビは、時代を批判的に映し出すメディアではない。視聴率と、それによる広告収入に依拠したビジネスモデルが提供するテレビドラマは、時代の空気を濃厚に映し出す鏡の役割しか果たしていない。しかし、そうであるがゆえに、時代の空気だけは雄弁に語っているともいえる。

毎日新聞の記事は、テレビドラマの変質と世相をパラフレーズしながら、戦後70年間の家族の変容をほぼ正確に描き出している。

後半の、「単身世帯、主流に」という小見出しで纏《まと》められた少子化の原因についての記述も、晩婚化と非婚化に焦点をあてて、これまで流布している「女性が子どもを産まないのは、経済的な理由」といった当てずっぽうのような見解ではない、正確な分析を行っている。

新聞がこのようなロングスパンに起きた家族の変容を、記事として纏めたことを評価したいと思う。ただ、わたしには、この記事が少子化の原因として挙げた、晩婚化と非婚化がなぜ起きたのかという要因については、これまで何度も繰り返された議論をもう一度繰り返しているようにしか読めなかった。

記事では、要因は複合的なものとして、高学歴化、働く女性が結婚しなくとも生活してゆける環境ができたこと。また、非正規雇用の増加によって経済的自立ができない男性が増加したこと、コンビニや外食産業の発達によって独り暮らしの不自由が減じたことを挙げている。

どれも、間違いではないと思う。確かにそういうことは言えるかもしれない。しかし、もしこういったことが要因となって、晩婚化、未婚化が進んだのだとすれば、ひとびとは余儀なく、晩婚化や未婚化という選択をさせられたということになる。はたして、そうだろうかとわたしは思う。

これまでわたしが述べてきた家族の解体が、都市化や消費化といった無縁社会の進展によってもたらされたとは言えるだろう。そして、家族の解体とは、日本人の伝統的な価値観をも解体させていったのだ。伝統的な価値観は、日本人ひとりひとりが自由に生きていくことへの足かせでもあったはずである。この価値観が解体すれば、ひとは余儀なく晩婚化を選択したのではなく、むしろ自ら進んで晩婚化を選択したということではないのか。そうだとすれば、長寿社会が実現した現在、晩婚化という現象は「問題」ではなく、むしろ自然な状態であり、晩婚化を受け入れて、それでも持続可能な社会システムを作っていく必要があるのではないだろうか。

奇矯な言い方になるかもしれないが、晩婚化、未婚化が進んだとしても、少子化に歯止めがかかる社会というものを構想することは不可能なのだろうか。

それが、これまでわたしたちがたどり着いた議論の最後の難関なのだと思う。

言い換えるならば、わたしたちは、家族に代わりうる中間共同体を作り出すことができるのかということである。

第5章
これからの家族

未来予想図への疑問

第4章で示した、毎日新聞の記事「これまで・これから〜戦後70年」では、これからの日本の家族について、いくつかの示唆的な予測をしている。

ひとつは、家族社会学を専門とする山田昌弘の囲みコラム、もうひとつは地域に住むひとびとが集まって料理をしたり、食事をしたりする「まち食」の実例、そして最後に感情表現ができるロボットの実用例である。

山田は、「家族には経済的な支えと心理的な支えの二つの役割がある。流動化する社会の中で、経済的にも心理的にも家族に頼る傾向は、むしろ強まっている」と書き、血縁によらないひとびとがともに暮らすシェアハウスやグループホーム、新しいパートナーシップなど多様な関係を認めていく必要があると説いている。確かに、山田の言うとおりだが、はたして、シェアハウスやグループホームが家族に代わりうる中間共同体として、日本の社会に根付いていくのだろうか。それは、一時的な現象であり、むしろ、弱者切り捨ての「選択と集中」が進行して、国の制度と、個人的生き残り戦略がアンバランスのまま進行してゆく可能性の方が強いような気がする。

だからといって、わたしは絶望しているわけではない。時間のスパンを100年単位に長くとれば、山田が言うような中間共同体ないしは、新しいかたちでの家族というものが、かならず起動してくるに違いないと考えている。

人間という生き物は、いや、あらゆる生き物はひとりでは生きてはいけないのであり、この現実の社会の中で生き残った生物は、家族なり集団なりを形成してきたものだけである。

よく自然は弱肉強食であると言われるが、自然の原理は弱肉強食ではない。もし弱肉強食が自然の原理であるとするならば、最終的にはひとつの種しかのこらず、ひとつの種しかのこらなければ、その種も消失することになる。

多くのひとが勘違いしているのだが、自然の原理は、弱肉強食ではなく、適者生存なのだ。その意味では現在の状況は、大きな文明の移行期に対して、まだ具体的に、最適な生存戦略を見出し得ていない状態なのかもしれない。

記事が扱っている「まち食」の例は、なかなか面白いアイデアであり、可能性もありそうに思える。しかし、わたしはそれほど広がりを持たないだろうと感じている。こういう試みは、評価されるべきだし、それによって孤独から救われるものもあるだろうし、新しい共同体の萌芽にはなるだろうが、どこまでいっても「つなぎ」でしかないように感じてしまうのである。その理由は後に述べることにする。

最後のロボットだが、確かにこういう科学による問題の解決はあるかもしれないが、果たして、多くの一人暮らしの老人や、未婚者が、日々ロボットに慰撫されて暮らしているという光景は、わたしたちが望んでいたものなのかという気がする。わたしにはほとんどため息しか出てこない。ひとは、ひととのつながりや触れ合いのなかで、慰撫され、安心することができるのであって、機械を相手に慰撫されるということはないように思う。機械による慰撫もまた、ひとつのつなぎでしかない。

もちろん、こういう研究が悪いとは思わないし、止めようと思っても止まるようなものではないが、愛情や友情の交換の相手がロボットだというのは、何か違うのではないかと思わざるを得ない。

結局のところ、毎日新聞が提示した未来予想図は、どこか本質的な部分を見落としているような不満感が残ってしまうのである。

では、何が本質的な部分なのかと言われると、にわかに答えが出てこない。それは、この新聞の記事を作った記者たちも同じだろう。

ただ、何か解決策のようなものを提示しないと、読者が満足しないと考えたのかもしれない。

わたしは、こういう時間スパンの長い出来事を、新聞が考察することを評価しているし、この記事自体も、非常によくまとめられたもので、多くの人に読んでもらいたいと思う。それでも、ひっかかるものがあり、そのひっかかりが、実は大変重要なことなのではないかと思っているのである。

「ひっかかり」とはこういうことだ。そもそも、家族の崩壊や、少子化や、老齢化を「問題」であるという考え方自体を検証してみる必要があるだろう。それは、何にとって、あるいは誰にとって「問題」であるのか。

それは、日本にとって問題だという答えが返ってくるかもしれない。しかし、仮に日本の将来人口が5000万人になったとして、その5000万人が安心して暮らせるようならば、普通のひとびとにとっては問題だとは言えないだろう。現に、一人当たりの経済成長率の上位国はほとんどが、人口1000万人にも満たない小国であり、国連が発表している世界幸福度報告書（2016年度版）の上位五ヵ国は、デンマーク、スイス、アイスランド、ノルウェー、フィンランドと、いずれも北欧の小国であった（http://worldhappiness.report/）。

CNNは、同報告書について、次のように報告している。

国連の「持続可能な開発ソリューション・ネットワーク」は16日、世界の幸福度に関する2016年版の報告書を発表した。幸福度が高い国としてはデンマークが1位で、昨年トップだったスイスは2位に下がった。

4年前から発表されている同報告書で、デンマークがトップに立つのは3回目。16年版の3位以下にはアイスランド、ノルウェー、フィンランドが続いている。6～10位はカナダ、オランダ、ニュージーランド、オーストラリア、スウェーデンだった。

経済大国の中では米国が13位、ドイツが16位に入ったが、英国は23位にとどまり、日本は53位、ロシアは56位、中国は83位と振るわなかった。153位以下にはベナン、アフガニスタン、トーゴ、シリアが連なり、最下位はブルンジだった。

経済、政治情勢が悪化したギリシャ、イタリア、スペインや、政情不安のウクライナなどは順位を下げている。

上位の国には平均余命が長い、社会福祉が充実している、人生の選択肢が幅広い、汚職が少ない、社会の寛容度が高い、1人当たりの国内総生産（GDP）が高いなどの特徴があった。

アイスランドとアイルランド（19位）はともに金融危機で経済的な打撃を受けたにもかかわらず、幸福度に大きな変化はなかった。両国に共通しているのは高度な社会福祉制度だ。

報告書の執筆者は「経済成長ばかりに注目するより、豊かで公正、持続可能な社会を目指すべきだ」と主張している。

格差の小さい国は大きい国に比べて幸福度が高いこと、05～11年と12～15年のデータを比べると幸福度の不平等さは大半の地域で拡大する傾向にあることも分かった。

幸福度の平等さでトップに立ったのは、「国民総幸福量（GNH）」の指標で知られるブータンだった。

(http://www.cnn.co.jp/fringe/35079688.html)

日本は53位である。もちろん、ひとびとが何を幸福と感じるかは様々であるだろう。

この国連の調査は、一人当たりの国内総生産（GDP）・健康寿命・社会的支援・政治や社会に対する信用性・人生における選択の自由・寛容性の6要素を評価してランク付けされている。そして、4回目を迎える本年の報告書の中では、「不平等」に焦点をあて、「不平等」が社会に与える影響が特に考慮されている。報告書では結論として「より不平等が少ない国に暮らすひとびとの方が、より幸せであると感じる」ということを述べている。

これらのことからも分かるように、総人口の大小は、その国で暮らすひとびとの幸・不幸にとっては、ほとんど意味のない指標である。

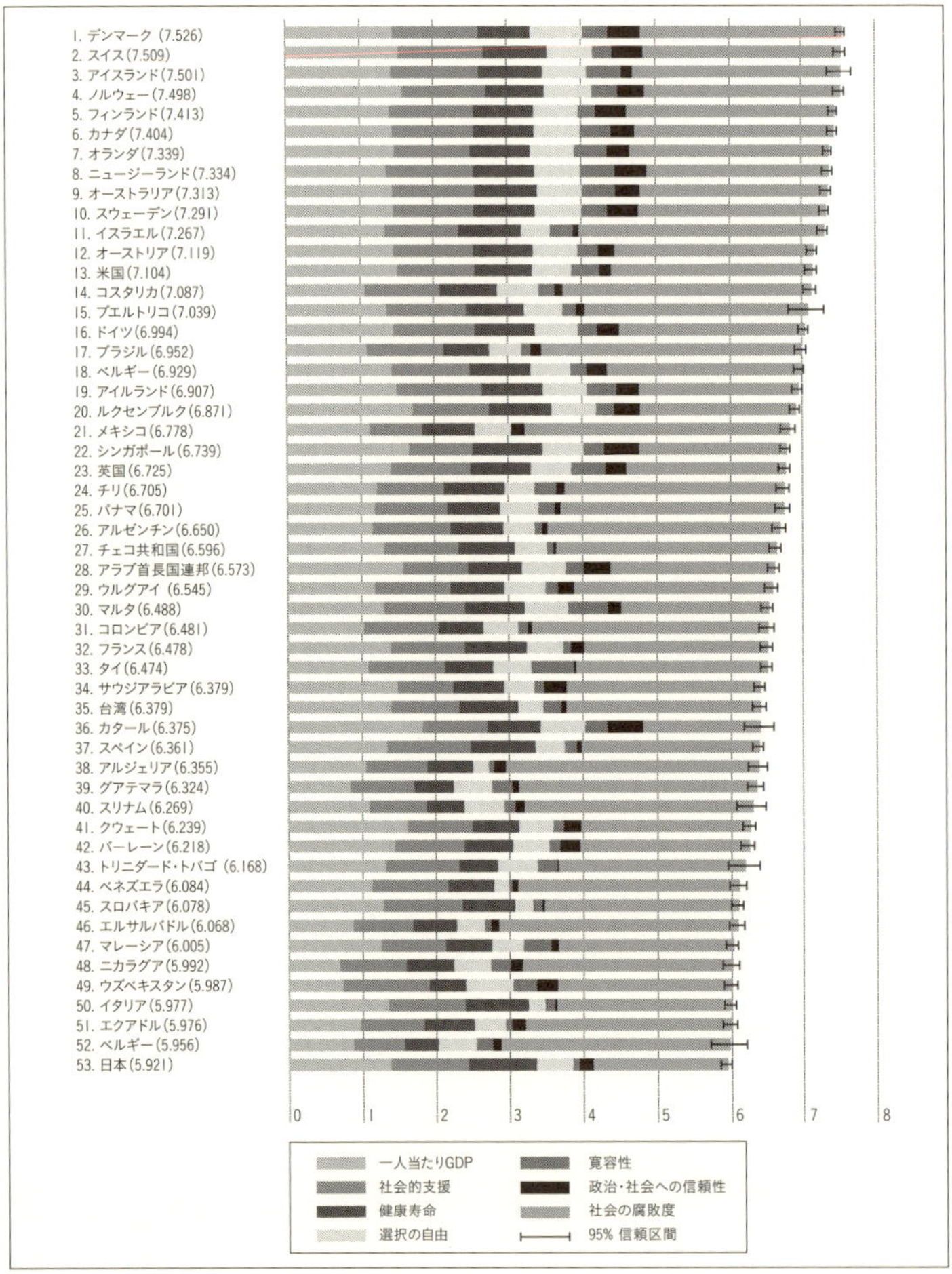

図表17　幸福度ランキング 2013－2015
WORLD HAPPINESS REPORT 2016 | VOLUME I
Ranking of Happiness 2013-2015 より転載
http://worldhappiness.report/wp-content/uploads/sites/2/2016/03/HR-V1_web.pdf

もし、少子化ということが問題となるならば、それはマーケットの縮小や経済成長の衰退を懸念する大企業であり、覇権的な野望を持つ支配層にとってだけではないだろうか。

ただ、最終的にどこで人口減少が止まるかは措いて、そこに至るまでの間に起きる、年齢人口のアンバランスや、社会保障システムの崩壊に対して、どのように対処するのかが当面の課題とはなるだろう。

ほぼ確実な未来予想

ここで、これまで述べてきた問題を整理する意味で、今一度、日本の人口動態がこれから、どのように推移するのかを確認しておきたいと思う。

まずは、内閣府が発表している年齢区分別の推定人口の推移、および高齢化の推移と将来推計のグラフを見てみよう（図表18、19）。

グラフから分かるように、我が国の総人口は、今後、長期の人口減少過程に入り、2026年に人口1億2000万人を下回った後も減少を続け、2048年には1億人を割って9913万人となり、2060年には8674万人になると推計されている。

その一方で、高齢者人口が増加している。「団塊の世代」（1947年〜1949年に生まれ

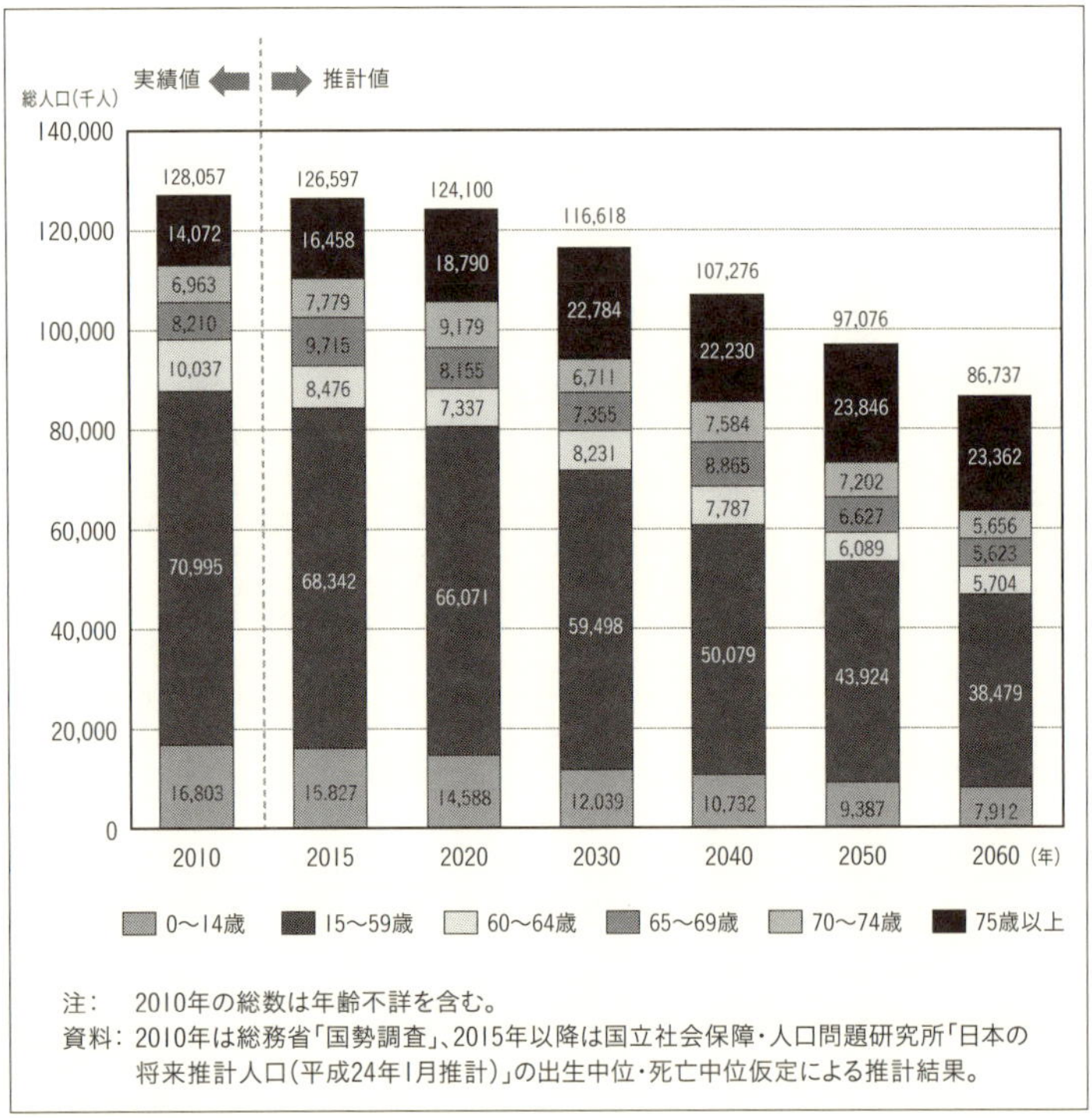

図表 18　年齢区分別将来推定人口
出典：内閣府「平成 24 年版高齢社会白書」
http://www8.cao.go.jp/kourei/whitepaper/w-2012/zenbun/s1_1_1_02.html

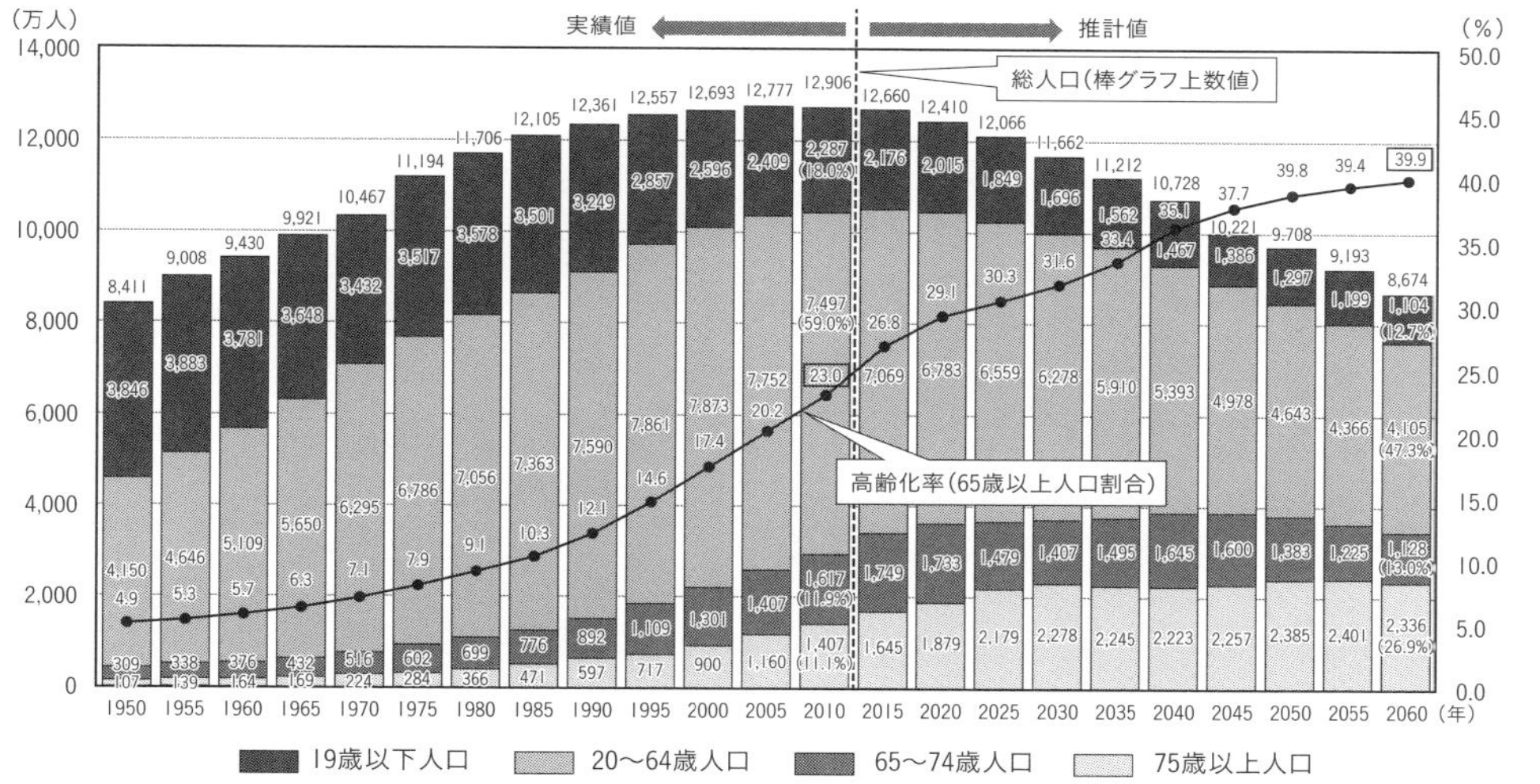

資料：2010年までは総務省「国勢調査」、2015年以降は国立社会保障・人口問題研究所「日本の将来推計人口（平成24年1月推計）」の出生中位・死亡中位仮定による推計結果。
注：1950～2010年の総数は年齢不詳を含む。

図表 19　高齢化の推移と将来推計
出典：内閣府 HP
http://www8.cao.go.jp/kourei/whitepaper/w-2013/zenbun/s1_1_1_02.html

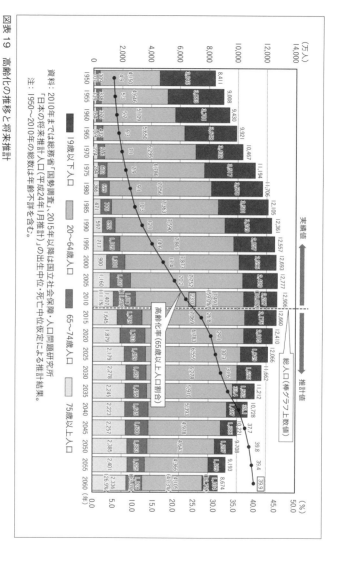

た人）が65歳以上となる２０１５年には３３９５万人となり、「団塊の世代」が75歳以上となる２０２５年には３６５７万人に達すると見込まれている。その後も高齢者人口は増加を続け、２０４２年に３８７８万人でピークを迎え、その後は減少に転じると推計されている。

総人口が減少するなかで高齢者が増加することにより高齢化率はさらなる上昇を続け、２０１３年には高齢化率が25・１％で４人に１人となり、２０３５年に33・４％で３人に１人となる。

２０４２年以降は高齢者人口が減少に転じても高齢化率は上昇を続け、２０６０年には39・９％に達して、国民の約２・５人に１人が65歳以上の高齢者となる社会が到来すると推計されている。

総人口に占める75歳以上人口の割合も上昇を続け、いわゆる「団塊ジュニア」（１９７１年〜１９７４年に生まれた人）が75歳以上となった後、２０６０年には26・９％となり、４人に１人が75歳以上の高齢者となると推計されている。

つまり、わたしたちの国は、50年後には、国民の半数近くが老人で、しかも４分の１が75歳という社会を、迎えることになるのである。

このことを、経済政策の面から見れば、現在のままの経済政策や、社会保障システムのまま、50年後を迎えられる可能性は小さいと言わざるを得ない。

現在政府がおこなっている経済政策、社会保障政策は、はたしてこのような未来予想に対応しうるものなのだろうか。

人口問題と経済

ここにひとつのニュース記事がある。今の黒田東彦日銀総裁の前の総裁であった、白川方明さんのインタビューをもとに構成された記事である。今のアベノミクスに対して、白川さんはどう見ているのか。気になるところだ。

日本銀行の白川方明前総裁は、後任の黒田東彦現総裁が景気回復をあまり進展できない可能性を示唆した。現在の日銀政策委員会がデフレ対策に集中しすぎ、その奥にある構造的な問題に対処していないとの印象もほのめかした。

白川前総裁は13日、米ダートマス大学タック・スクール・オブ・ビジネスで講義し、「日本経済の主な問題はデフレではなく、人口動態だ」と述べた。急速な高齢化で労働力人口が縮小し、経済活動を妨げているとの発言だ。

さらに「問題は経済成長を回復する上で金融政策が効果的かどうかだ」と問いかけ、

自らの考えとしては効果が「かなり限られている」との見方を示した。白川前総裁が黒田総裁に地位を譲ったのは1年ほど前。2012年末に新内閣を発足させた安倍晋三首相は白川前総裁について、長期にわたるデフレと低成長を解決する取り組みが慎重すぎると評していた。

ダートマス大学の学生を前にした約1時間の講義中、白川前総裁は安倍首相や黒田総裁の名前を一切出さなかった。白川前総裁はこれまで周囲に、現在の政策への意見は公にしないつもりだと話してきた。

だが前総裁は、日本の「失われた20年」に日銀が経済の悪循環を断つ行動を起こさなかったという国内外からの批判について、公の場での議論を再開する用意があることを明確にした。今回の発言は、白川前総裁が表舞台から去った後、ほとんどされることがなくなった議論をぶり返す内容だ。その一方、政治的な駆け引きに触れる場面では、日銀総裁時代より率直で、個人的な話し方だった。

白川前総裁は穏やかな口調ながら、日本のデフレは批判されるほど有害ではなく、日銀にデフレを解消する力はないと主張した。

黒田総裁は、デフレが過度に慎重な心理を生み出し、経済から活気を奪ったとみている。だが白川前総裁は「とても穏やかなデフレ」だととらえ、低い失業率の維持に役立ったとの見方だ。物価の下落は、企業が従業員の削減ではなく賃下げに動いた「社会契約」の結果だとし、「デフレは極めて低い失業率の裏返しだ」と語った。

成長の鈍化は労働力人口の縮小や労働生産性の低さにも起因すると指摘。「そのため労働力を増やす方法と労働生産性を高める方法が問題になる」と続け、「インフレ率の上昇に成功したとしても、基本的な展望は全く変わらない」とした。

白川前総裁は、安倍首相を筆頭とする日銀批判に加わった財界人の中にも、陰では支持してくれた人がいたことにも言及した。

「驚くべきことに、数々の最高経営責任者（CEO）が私的に話す内容は、公の発言とかなり違う」と語った。「大規模な」金融緩和を求めると公言した企業幹部らが「私的には『いや、高水準の流動性には飽き飽きしている。投資に足かせをはめているのは資金ではない』と話す」という。

講義後は記者を相手にした質疑応答を断ったものの、聴衆からは質問を受け付けた。学生の1人は、入れ替わりの激しい日本の政治から受けた影響を尋ねた。

白川前総裁は自らの任期中に「首相が6人、財務相が10人」に上ったと回答。「G7（主要7ヵ国）やG20に行くたびに新しい財務相を皆に紹介しなければならなかった。かなり惨めだ」と続けた。

そこから話題は、白川前総裁の任期終盤に日銀と政治家が激しく対立し、日銀の独立性が深刻に脅かされたときの経験に移った。

白川前総裁は「金融政策以外の政策に関して中央銀行の総裁が発言すべきかに関して、私の考えは変わった」と前置きし、「最初の数年間は金融政策以外の経済政策について話したくなかった」と明かした。

だが「政治の不安定」が原因で、政治家が日本経済に必要な行動を起こさず、日銀を非難しているだけだと感じたという。「根本的な問題についてもっと話さなければ、と義務感を持つようになった」結果、「金融政策から注意をそらした」としてマスコミや政治家からひどくたたかれたと振り返った。

（「The Wall Street Journal」２０１４年5月15日　http://jp.wsj.com/articles/SB10001424052702304408504579561861210923766）

実に興味深い記事である。デフレからの脱却を掲げて登場した、黒田東彦日銀総裁の経済観と白川前日銀総裁の経済観の違いがよくうかがえる。記事にもあるように、黒田総裁は、デフレが過度に慎重な心理を生み出し、経済から活気を奪ったとみている。だから、貨幣量を増やし、物価を上昇させ、流動性を回復させることを狙っている。賃金は、企業が活気を取り戻し、右肩上がりの状況が生まれてくれれば上昇過程に戻るはずだと考えている。しかし、白川は需給のバランスの不調からデフレ的な状況を示しているのではなく、現在のデフレ的な状況の基にあるのは、経済現象を生み出している市場の構造変化に起因していると考えている。つまり、人口減少による市場の縮小が原因であり、人口減少は経済的な政策によって変えることが出来ないものだから、国民経済そのものを人口減少社会に摺り合わせるようにするべきだと主張しているように見える。

この主張には、既視感がある。昭和22年の夏、戦後、第一回となる経済白書である「経済実相報告書」が経済安定本部において策定されようとしていたときの、都留重人と下村治との間の角逐である。その報告書の「物価、賃金、家計費」の項目には、インフレによる物価の急上昇に、賃金の引き上げが追い付かず、家計は極めて苦しいと記されている。これは誰が書いたものなのか。本来、この項目を担当するはずだった下村は、確かにこの項目の原稿を書いたが、それを都留が受け付けず、下村原稿を破棄する形で、自分で書き換えたものだった。

下村が、そこに何を書いたのかは、原稿が保管されていないのでもはや分からない。ただ、下村が昭和21年に雑誌「物価時報」に書いた論文が残っており、その中で「通常の物価騰貴と悪性のインフレーションとは異なる」と書き出し、現下の物価騰貴はそのような悪性のインフレーションではないと書いている。見かけ上はインフレ状況にあるが、現実は単なる需要超過なのだということである。

（現在のデフレは）とても穏やかなデフレであり、極めて低い失業率の裏返しであると述べた白川の言葉は、状況的には正反対だが、悪性のインフレではなく単なる需要超過であると当時の市場を観た下村の経済観を想起させるのである。白川の言葉を下村風に言い換えるなら、今日の見かけ上のデフレ状況は、悪性のデフレではなく単なる需要の減退（供給過剰）であるということになる。

　下村は、ノートを片手に闇市を歩き回った。そして、戦後のモノがなく、家計の苦しい状況下においても、ひとびとは旺盛な消費欲を失ってはおらず、貨幣に対する信用も失っていないことを実感した。つまり、闇市というイリーガルな市場ではあったが、そこには経済の実相を反映した市場が息づいており、その市場はやがて拡大均衡へ向かうはずだと実感していたのである。

　白川もまた、現在のデフレ的な状況を、経済政策の失敗によるものではなく、人口減少が牽引する需要不足だとみており、やがては縮小均衡へ向かうはずだと信じている。いや、日本経済が目指す方向は、経済成長ではなく、縮小均衡なのだと言っているように思えるのである。

縮小均衡を言うことは、現在の経済エリートにとってはほとんどタブーであり、経済学者はそれを口にすることを恐れているように見えるのだが、わたしは、白川の現場感覚に同意する。現在のデフレ状況は、縮小均衡へ向かう前触れであり、わたしたちは縮小均衡した日本というものを、イメージすることから始めなくてはならない。

第6章
既得権益保守のために、孤立化へ向かう世界

ブレクジットとイギリスの混乱

２０１６年6月23日に実施された、イギリスの欧州連合からの脱退に関する国民投票の結果は、世界を驚かせた。事前の予想では、イギリス国民は最終的には、経済的な孤立化につながるようなＥＵ脱退の道を選ぶという冒険はしないだろうと思われていたからである。経済合理性に立つ海外のエコノミストは、ほとんどイギリスの選択の予想を外した。投票前の大方の予想とは異なり、イギリス国民は欧州連合からの離脱を選択した。残留支持が１６１４万１２４１票（約48％）、離脱支持が１７４１万７７４２票（約52％）。投票率は約72％であった。

この結果は、日本でもさまざまに分析された。勝敗の決め手は、移民問題だとする見解が一般的で、労働市場において、移民とイギリス国民労働者とのあいだでの競争が激化することをイギリス国民が嫌ったということであった。移民の排斥は、今世紀に入ってから急激にクローズアップしてきた問題である。移民の同化政策の失敗というよりは、国内における中間層以下の労働者が、縮小するパイを奪い合う構図が明確になったということで、もっぱら労働問題として移民排斥の掛け声が高まった結果である。

その意味では、移民排斥運動は、国内の労働問題なのだ。

従来のような、高所得者が社会秩序の乱れや、人種的偏見によって移民を差別しているというよりは（依然としてそのような差別はあるが）、低所得者が自らの働き口確保のために、本来は仲間である移民を排斥しているといった格好だ。

イギリスにおいても、他の先進国同様に、貧富格差が拡大し、中間層以下の雇用不安が増大している。働きたくとも、仕事がない。移民を受け入れることは、国内のパイをさらに縮小させることになる。普遍的な人権思想より、国内の貧困労働者救済が先だという主張が説得力を持ち始めている。これをポピュリズムの台頭ととらえる学者もいる。

アメリカ大統領選挙で、ドナルド・トランプがアメリカファーストをスローガンに掲げたのは、移民の国アメリカにおいてさえ、同じ問題が持ち上がっているからである。

移民の国で、移民排斥の主張がまかり通るのは、先住移民であるプアホワイトの生活の困窮と雇用問題が深刻化しているあらわれなのだ。

およそ、以上が移民問題とブレクジットに関する経済評論家や政治評論家の分析である。

しかし、そのような分析が可能であるならば、なぜ、かれらは予測を外したのだろうか。

わたしには、現状の分析者たちの分析結果がはたして、どの程度の信憑性を有しているのかを判断する材料がない。

わたしの見方は、これまでメディアで紹介された国際政治の専門家たちの見方とは少し違う。確かに移民問題はイギリスの中間層以下の労働者にとっては、切実な問題だったとは言えるかもしれないが、移民問題は数ある問題のうちの一つであり、トリガーに過ぎないと考えるべきだと思っている。移民問題は現代世界を覆っている政治的混迷の一つの結果なのであって、原因ではないと考えているからだ。

移民問題を今日の政治的混迷の原因と考えるということは、すなわち雇用と人種差別の問題がのっぴきならない状態になっていることを示唆している。しかし、現代の世界を覆っている問題の根っこにあるものを、労働市場の競争激化がもたらす貧困層の拡大や感情的な移民憎悪だけでは、説明できない。

後に述べるが、アメリカの大統領選挙において、ドナルド・トランプに投票したもののなかには、富裕層もあったし、ヒスパニックや黒人も多く含まれていた。多くの批評家が解説したように、白人中間層の没落だけでは、説明不可能な投票行動が見られる。

今回のアメリカの選挙における特徴の一つは、これほど激烈な候補者同士のバトルや、メディアの煽りと大衆的な盛り上がりにもかかわらず、投票率が過去最低レベルに落ち込んだことである。ヒラリー・クリントンへの投票率は、これまでの民主党候補者への投票率と比べると想像以上に低かったのだ。

そして、ブレクジットも、ドナルド・トランプも、結果としては勝利したが、実際のところは賛成反対がほぼ互角であり、世論は真っ二つに分かれている。わたしは、むしろこのことに注目すべきだと思う。

では、現在起きている問題の本質とは何なのか。わたしは、エマニュエル・トッドが言う「グローバリゼーション・ファティーグ」(グローバリゼーション疲れ)が腑に落ちる。「グローバリゼーション・ファティーグ」とは、何を意味しているのか。

グローバリゼーションによる流動性の拡大や、貧富格差の拡大に嫌気がさしているというのは、確かにその通りだと思うのだが、それではあまりに漠然としている。その結果としての政治状況の混迷の中で、自国の利益を最優先する分かりやすい政治と、小難しい建前論よりは本音をという反知性主義が台頭してきたのだといわれても、やはり漠然としている。

問題はなぜ、そういったものがここにきて急激に台頭しはじめたのかということだ。

EUへの残留予想をしていた評論家が言っていたような、EU市場からの離脱による不利益という言葉も、こういう結果になってみれば空しく響く。株価の下落や景気の後退といった問題は、単に、持てる者の不利益に過ぎない。持たざる者にとって、貿易不利益や、株価下落などは自分たちの生活とは遠い、意味のない話でしかない。

どんな場合にも、金融セクターがいつも喧伝する、損得勘定で人は動くという「定説」は、眉に唾をつけて聞いたほうがよい。彼らの分析や見解には、彼ら自身の欲得というバイアスが必ずかかっているからである。

わたしは、ここにきてヨーロッパ、アメリカで起きていることは、短期的な経済現象の結果ではなく、先進国における戦後70年余の経済発展の帰結として起きていることであり、長期的歴史の変化が導き出した答えだと考えるべきだと思う。

だとするならば、この間のイギリスの動きも、アメリカの大統領選挙の結果も、あるいは韓国の現在の状況も、もっと長期的な時間軸のなかで考え直してみる必要がある。

長期的な時間軸のなかで考えるとは、科学技術の不可逆的発展や、人口増大フェーズから人口減少フェーズへの人口学的移行、さらにはアメリカの単独覇権から多極型分散覇権への移行などを視野に入れて考えるということである。とりわけ、先進工業国家が人口増大フェーズから人口減少フェーズへ移行しつつあることに注目する必要がある。現在の先進国家のあらゆる社会システム、金融システム、生産システムは人口増大フェーズに作られたものであり、それらが人口減少フェーズではうまく機能しなくなっている現実を見据える必要がある。

グローバリズムも、ネオリベラリズムも、先進国国民国家内部における総需要の減退という経済成長のブレーキに対する、巨大企業群による市場の再定義の必要から生まれたのだ。もはや、国民国家単独では経済成長が望めなくなった巨大企業群は、市場を超国家的な空間に位置付けるという再定義を行ってきた。

ＥＵは、多国籍企業と手を結んだ国民国家の側から超国家的な市場の再定義を行うという試みであり、市場統合、通貨統合、政治統合へと歩みだそうとしたが、このグローバル化が作り出す経済的なメリットと、グローバル化によって伝統的な価値観が破壊されることのデメリットが激しくせめぎあっているのが現状だということだ。

そのような観点から、イギリスのＥＵ離脱を眺めてみるならば、グローバリズム勢力による市場の再定義に対する、国民国家の側の市場の再々定義の運動のように見える。

グローバリズムによる市場の再定義とは、さらなる経済成長へ向けての、成長圏の確保である。国民国家の側の再々定義とは何だろう。わたしは、イギリスならイギリス国民全体が、アメリカならアメリカ国民全体が、日本なら日本国民全体が、右肩上がりを望めなくなった時代に、どのようにしたら豊かで安定した生活を営んでいけるのかを構想することではないかと思う。

そうだとするならば、本当の対立軸は、グローバリズムかナショナリズムか、フリートレードか保護主義かというところにあるのではなく、経済成長か、均衡経済かというところにあるのではないかと思う。いや、もう、現在の果てしのない流動化現象から離脱して、経済成長なしでやっていける体制へと移行しようとしているのではないだろうか。

ここで、注意しておきたいのは、グローバリズムに対置するのは、ナショナリズムではなく、ローカリズムであり、地域主義だということである。ナショナリズムに対置する価値観はインターナショナリズムである。今回のイギリスの動きを、グローバリズムに対するナショナリズムの挑戦であり、右翼勢力の台頭だととらえる論調があるが、そうしたメディアの見方は世論をミスリードしている。グローバリズムは国民国家の枠組みを超えた市場の再定義を行ったが、インターナショナリズムは国民国家という概念がなければ成立しない。国民国家の自主性、自立性を尊重するがゆえに、国民国家どうしを統合する価値観としてインターナショナリズムが生まれた。ローカリズムと、インターナショナリズムの共存はありうるし、望むべき道筋だったが、現実には、分かりやすく感情的なナショナリズムがグローバリズムと手を結んでひとびとを扇動したのだ。

行き過ぎたグローバリゼーションを批判するところまでは、ナショナリストとローカリストはほとんど同じ主張をすることになり、区別が付き難い。それは、たとえば、ドナルド・トランプと、バーニー・サンダースが、行き過ぎたグローバリゼーション批判をするところまでは、ほとんど同じ主張をしていたことにもよくあらわれている。

トランプ大統領とアメリカの混迷

ドナルド・トランプがアメリカ大統領選挙に勝利したとき、アメリカのメディアも、世界のメディアも、これが意外な結果であり、番狂わせだと報じていた。トランプ勝利の決定後はしばらくは茫然自失の状態だったが、その後、メディアは評論家各氏の意見を紹介し、トランプ勝利の原因を分析している。アメリカでも、日本でもこの点では大差がない。メディアは、この選挙に関しては、完全に誤った予測をした自らの調査能力の不備を恥じる必要がある。自らの予測が外れた時、後付けの理由を探すよりは、なぜ、誤った予測を立てたのかを分析する必要があるだろう。そこに、どんな政治的、経済的なバイアスがあり、自らの希望や欲望によって見るべきものを見る目を曇らせたのかを分析することは、メディアの役割でもある。だが、ほとんどのメディアは、評論家を並べて、ありきたりの理由を説明させていただけであった。２０１６年11月13日付で、ニューヨークタイムズは、発行人およびエグゼクティブエディターより読者へと題して、今回の選挙での予測を誤ったことに対して謝罪文を掲載した。

その中で、選挙結果が劇的で予想外であったことや、トランプが全く型破りだったため、彼に対する有権者の支持を過小評価したことを謝罪し、以後、ジャーナリズムの基本を守り、改めて精度の高い公正な報道を続けると言明している。しかし、なぜ、どのような理由からトランプの人気を過小評価したのかについての分析は記されてはいない。いまもって、よく分からないと言っているようなものである。ただ、このように、メディアが自らの誤った予測を素直に謝罪したことだけは、評価すべきだろう。

残念ながら、日本の新聞にはこのような姿勢はない。ただ、トランプ後のアメリカが、日本経済にとってプラスなのか、マイナスなのか、沖縄問題がどうなるのかといった、自らの調査能力のなさを棚上げしたままで、ほとんど予想屋的な記事を書くか、識者を並べて、予想外の結果の要因分析をさせているだけである。そして、本邦の新聞を読む限り、最初に出てきた理由は、移民に職を奪われたプアホワイトの反乱だという説明である。しかし、実際の得票を分析してみると、当初の予想を覆した背景にあったのは、激戦州だった、フロリダ、オハイオ、アイオワ、ノースキャロライナをトランプが制し、むしろ浮動票の行方と、低い得票率、州ごとの総取りという選挙制度によって、総得票率では負けていたトランプが、306対232（2016年11月29日 朝日新聞）という大差で勝利したのではないかということが分かってきた。確かにプアホワイトの多くはトランプに投票したかも知れないが、それだけではこれほどの結果にはならなかった。貧困層だけではなく、富裕層もトランプに投票したし、高学歴層もまたトランプに投票しているのだ。

あたりまえだが、トランプが大統領に選ばれた理由を、ひとつに絞り込むことはできない。職を奪われたラストベルトのプアホワイトが、トランプに旧産業復興の希望を託したというのは嘘ではないだろう。ただ、これもまたいくつもある中でのひとつの理由だ。ヒラリー・クリントンが強欲なエスタブリッシュメントや軍産複合体と癒着していると見るひとびとが、紐のつかない政治を期待してトランプに一票を投じたというのもそのとおりかもしれない。貧富格差の拡大に耐えられなくなったひとびとが、大きな政府を実現してくれそうな甘言に乗せられたというのもうなずける。しかし、それらのもっともらしい理由は、どれもがアメリカのひとびとの投票行動の一面を言い当てているに過ぎないだろう。

一体、誰がトランプに投票したのか。CNNの出口調査によれば、トランプに投票したのは、男女別では、男性53%、女性42%（女性の場合はヒラリーが54%）。人種別では白人の58%、年齢別では40歳以上で50~53%。年収別では5万ドル~10万ドルの比較的富裕な層が50%となっている。

この結果だけみれば、低所得層が、とりわけプアホワイトがトランプを支持したとはいいがたい。

典型的なトランプ支持者のプロフィールは、白人男性、年齢40歳以上、年収5万ドル以上ということになり、これまでの共和党支持層とあまり変わらない。

女性全体ではヒラリーが10％以上トランプをリードしているのだが、白人女性に限れば、トランプが10％上回っている。

ヒラリーは、白人女性には嫌われたということである。

しかし、このCNN出口調査の結果を見るだけでは、何がトランプ勝利の決定要因になったのかはうかがい知ることができない。

そもそも、両者の得票数はほとんど拮抗している。

トランプの勝利は、アメリカの選挙制度によるものだとも報じられている。

BBCの日本版のWEBニュースでは、次のような記事を配信している。

最新の開票結果によると、クリントン氏の得票数は2012年に再選されたオバマ大統領を超えた。トランプ氏に対しては、260万票以上、上回っている（得票率はトランプ氏の46％に対して48％）。米大統領候補が全体の得票数では勝りながらも、必要な選挙人270人を獲得できずに選挙に敗れた例は過去5人。クリントン氏の得票数はその中でも特に大差をつけて、当選候補を上回っている。

(http://www.bbc.com/japanese/features-and-analysis-3828530)

つまり、州ごとの選挙人総取りという、アメリカの選挙人制度によって、得票数では勝っていたヒラリーが敗れたということである。その意味では、激戦地であるミシガン、ウィスコンシン、ペンシルベニアでヒラリーが敗れたのが響いた。もちろん、メディアによるスキャンダル暴露や、選挙戦術の差も考慮しなくてはならない。

どうして、トランプが勝ったのかの原因をこれ以上探っても意味はないかもしれない。むしろ、支持者の数がほとんど拮抗し、アメリカが二つに分断されていることに注意すべきだ。だからちょっとしたスキャンダルや嗜好によって、結果が左右されることになる。ヒラリーには、官僚的で鼻持ちならないところがあり、軍産複合体との癒着の影もあって、白人女性から嫌われる要素があり、ラストベルトの失業者たちは、トランプの言葉に期待せざるを得ないほど追い詰められており、低所得層はなんでもいいから現状とは異なる政治を求めた結果かもしれない。

いずれにせよ、アメリカはドナルド・トランプという政治的には未知数の、独裁者的傾向を持つ、ビジネスマンを大統領に選んだ。

もし、選挙運動中のトランプの言動が、実際に議会を通過し、現実化していったとすれば、アメリカは間違いなく孤立化の方向へ向かうことになるだろう。これは、イギリスが孤立化の方向へ向かって舵を切ったのと同じである。

デマゴーグの出現

イギリスとアメリカで起きた、これまでの政治過程とは明らかに異質な出来事は、フランスやドイツ、オランダでも起きるのだろうか。今年（2017年）はフランスの大統領選挙があるが、そこでも極右国民戦線のマリーヌ・ル・ペンが勝利する可能性はあるのだろうか。結果はどうであれ、イギリスとアメリカで起きた現象は、もはやフランス、ドイツ、オランダでも起きているといわなければならないだろう。これらのことが示しているのは、グローバリズム疲れ、極大化した収入格差に対する反発、長期化するデフレ現象に対する苛立ちに対して、もはや従来的な金融政策や財政政策では解決不能であるということに、それぞれの国民が気づいてしまったということである。

しかし、そういった長期的な移行期問題に対する答えはそう簡単には見出すことができず、その間に、分かりやすく、破壊的なポピュリズムの旗を掲げたアジテーターやデマゴーグが一時的に大衆的な人気を獲得するという現象が起きる。ある場合にそれは、戦前回帰のようなアナクロニズムであり、ナショナリズムイデオロギーであり、排外主義的な差別主義として現れる。それはまた、最も身近なところに、自分たちを搾取している不当な受益者がいるという妄想的な被害者意識を拡大させる。それは時に、加害者探しといった、自滅的な感情を増幅させ、生贄的な魔女狩りへと亢進する。中世の魔女狩りだけではない。1950年代アメリカのマッカーシズム、ナチスによるユダヤ人迫害など、歴史の中で、こうした現象は幾度も現出してきた。ある意味では、文明移行期にはつきもののような現象である。

ところで、現在、西欧諸国で起きている現象は、日本の大阪市長選で起きた橋下徹現象とよく似ている。彼らを支持しているのは、必ずしも移民に職を奪われた下層労働者や、貧困層だけではない。むしろ注目すべきは、選挙結果がほとんど伯仲していることと、多くの中間層が、差別主義や、ウルトラ保守的な政治家に投票しているということである。

この中間層のひとびとの選択の理由は何だろうか。大阪市民の多くが橋下徹を支持したのはなぜなのか。その大きな理由は、現実的な貧富格差の問題や、経済不況の分析の結果、橋下の政策を選択したというよりは、ほとんど根拠のないエスタブリッシュメント批判への同調であり、強引な政治手法に対する賛同である。

橋下徹は、学者や文化人を、机上の空論しか述べられない、実行力の皆無な無価値な存在であり、きれいごとでひとびとを惑わしているだけの有害な人間であると、ことあるごとに、攻撃してきた。

　国際政治の枠組みで、メキシコや日本を攻撃し、中国の為替操作を攻撃し、アメリカのエスタブリッシュメントを攻撃するトランプの政治手法と同型である。

「自分たちが、割を食っているのは、身近なところに不当に利益を得ている者がおり、これまでのきれいごとだけを言っているような政治家、学者、文化人は、問題を解説するだけで、解決しようとしていないからだ」というわけだ。

「自由、平等などというきれいごとで、厳しい生存競争を生き抜くことはできない。他者を助ける余裕なんかない。弱者を救済する必要もない。弱者が弱者なのは、かれらが働かないからであり、なまけものだからだ」

「なぜ、一所懸命働いている者の上がりを、そんな弱者に分配する必要があるというのか」

「自由も、平等も、人権も、民主主義も、既得権益者の論理であり、エスタブリッシュメントは、かれらの無能な代弁者に過ぎない」

　こうして中間層よりも、すこしだけ成功したエスタブリッシュメントを、無能集団であると攻撃することで、変わり映えのしない生活に飽き飽きとしていた中間層は、溜飲を下げたのである。

　では、トランプも、橋下徹も、なぜ、中間層に支持されたのか。その一番大きな理由はかれらが、短期的な対処療法では解決不能な文明史的な問題を、あたかも解決可能な分かりやすい問題であるかのような幻想を振りまくことに成功したからである。

いずれにせよ、解決不能ならば、浮揚の夢を持たせてくれるデマゴギーのほうがましである。少なくとも「変化」が期待できるから。

しかしそれは、ただ「変化」の空気を作り出しただけであり、本質的な問題を隠ぺいして、分かりやすい敵味方の論理にすり替えただけである。問題は解決したのではなく、新たなより深刻な問題の下に隠されるだけだ。

たとえば、中間層の給与が上がらないのは、公共バスの運転手が高い給与をとっているからだと言い、不法移民が職を奪ってしまうために失業が増加しており、生活保護受給者が不当に利益を享受しているのだと言えば、漠然とした自分たちの不遇の「原因」が、分かりやすい形で可視化されたような気持になる。しかし、誰かが得をして、その分自分たちが割を食っているという論理は、際限のない「敵」の発見へとひとびとを駆り立てることになるだけである。競争社会の中では、一方が他方の利益を毀損するのは自明のことのはずなのに、ことさらそれを強調することにどんな意味があるのだろう。それはただ、社会の一体感を損ね、社会を分断化してゆくことにしかならないだろう。

社会が二極分解してゆくとき、憎悪が生まれ、紛争が生まれ、格差が生まれる。そこに、クーデター的な扇動者が現れ、「俺がすべてを解決してやる」と宣言する。「俺の命令に従え。反対の奴は去れ」と言う。二極分解し、分裂した世論を統一するただひとつの、やり方。それこそ、外敵との競争であり、闘争であり、戦争である。

ところで、わたしは、「競争社会」を否定しているのではない。重要なことは、競争社会というものが成立するのは、社会が拡大再生産を続けている限りにおいてだということである。人口が減少し、総需要が減退し、総生産が下降するような縮小均衡の時代には、もはや競争原理そのものが成り立たなくなっている。なぜなら、縮小均衡下における競争の敗者は、生存の危機に陥ってしまうだろうし、格差は社会の安定を維持できないほどに悲惨なものになるからだ。社会不安の増大は、結局のところ社会秩序を破壊してしまうことになる。

こう考えてもよいだろう。競争が安定的に機能するのは、誰かがより多く獲得し、誰かがより少なく獲得できうる限りであり、共同体のフルメンバーが生存可能であるという条件が整っている限りにおいてである。経済インフラが右肩上がりなら、そういうことは起こりうるし、生産性も上がるかもしれない。しかし、もし、社会のリソース全体が縮小し、誰かがより多く獲得することが、もう一方の他者の生存を脅かすことになれば、これまでの競争原理そのものの変更が必要になる。

わたしたちがいま見ている光景は、競争原理から次の原理へと移行するその混乱そのものなのである。そして、次の原理とは何なのかについて、わたしたちは実際のところ何も明確なヴィジョンを持っているわけではない。ただ、全てのシステムが、移行の途中であるということだけは、確かなことのように思えるのである。

わたしたちがいまできるのは、移行期の先にあるであろう、あいまいなヴィジョンを提示することではないのかもしれない。さしあたり、現在進行中の移行の様相がどのようなものなのかについて曇りのない目で観察し、そこに言葉を与えていくことだろう。

そのような日常的な観察と、省察を積み重ねることで、あり得るかもしれない未来というものが少しずつその輪郭を現すことになるはずである。

第7章

破綻か再生か

微細だが、重要な差異

2017年1月8日、毎日新聞は、社説で「歴史の転機　人口減少」を取り上げ、「深刻な危機が国を襲う」というエマニュエル・トッドの言葉とともに、人口減少問題に提言を行った。

十年前から、ポスト経済成長へシフトせよと問題提起をしているわたしたちのようなものからすれば、この記事自体が遅きに失するの感はある。

このところ、一斉に大手紙が人口問題を取り上げ始めたのは、その問題の本質に気付き、警鐘を鳴らすというよりは、むしろ経済成長鈍化の原因を、政治や経済政策の失敗にではなく、有効労働人口の減少と、社会の高齢化に求めたいからではないのかと疑いたくなる。さらに言えば、各誌が伝える記事のどれもが、人口減少は問題であり、その対策の急務であることを告げているのだが、その問題であるとする理由もまた、経済的なものに収斂しており、対策の結論は決まって出産の奨励と、女性が出産をすることへの支援策の拡充である。

わたしは、育児支援策や保育所の拡充といった提言には異存はない。しかし、こうした提言は、少子化対策以前に政治が行うべきことである。そのうえで、大手紙各紙に共通する少子化に対する認識に関しては、ピントがずれているとしかいいようがないのである。少し長いが、毎日新聞社説の全文を検討してみよう。

日本の人口は「1億人」と思われてきたが、その常識を書き換えなければならない時代がやって来る。

現在の人口は1億2700万人だが、30年後に1億人を割り、100年後には4000万人台になる。江戸時代に近い人口規模だ。

地球にやさしく経済成長を目標としない社会の到来を歓迎する意見もあるが、問題なのは減少のスピードといびつな年齢構成である。100年間で3分の1にまでなる急激なしぼみ方は社会に深刻な影響をもたらすだろう。人口減少をどう考え、どのような対策を講じるべきか、国民全体で考えなければならない。

社会保障に大きな打撃

人口維持のためには出生率2・08以上が必要だ。ところが、この20年間は1・5を上回ったことがない。現役世代の女性はこれからも減っていく。現在の出生率のままだと生まれてくる子供は減り続け、人口減少に歯止めが掛からなくなるのだ。

地方では限界集落が増えていき、自治体の機能が維持できなくなることが予想される。

すでに水道など生活基盤を維持するコストの地域間格差は大きく広がっている。

特に問題なのは現役世代の労働人口の減少だ。人工知能（ＡＩ）やロボットで代替できない人的サービスの労働力不足は深刻になる。海外からの労働力に頼ることを真剣に考えなければならなくなるが、急激な移民の増加が国内にさまざまな社会問題をもたらす懸念もある。

最も打撃を受けるのは社会保障制度だ。

戦後間もないころは農業や自営業を家族で営み、多世代同居の暮らし方をする人が大半を占めていた。老後の経済的保障である年金をあまり必要とせず、介護も子育ても家族内で賄うことができた。

ところが、今は雇用労働が全体の9割を占めるまでになり、核家族や1人暮らしが多数派になった。税や保険料を納める現役世代が減ると、年金や介護などの財源が確保できず、社会保障制度は維持できなくなる。自分で生活を守る経済力がない人や家族のいない人は生きること自体が難しくなるのだ。

一つの国の急激な人口増減は国家間のパワーバランスを崩すことにもなる。明治以降、日本は急激に人口が増加し、太平洋戦争直前までの60年間で人口は2倍になった。国内だけでは養うことができず、この時期の海外への移民は80万人近くに上った。満州事変の遠因にもなったとも指摘される。

逆に、これからの急激な人口減少で東アジアに「空白」が生まれると経済や安全保障にさまざまな影響が出ることが懸念される。

これまで人口減少が重要な政治課題にならなかったのは、国民がすぐに何か困ったことが起きているようには実感できないからでもある。都市部の過密な通勤電車や集合住宅で生活している人は、むしろ過密な人口に弊害を感じたりするだろう。

結婚や出産は個人の問題と考え、国家が介入することを嫌悪したり違和感をおぼえたりする人が多いことも挙げられる。戦前の富国強兵策の下での「産めよ、増やせよ」が国民の深層心理にトラウマを残しているのかもしれない。

家族の負担を減らそう

先進国の中で少子化対策に成功した国としてはフランスやスウェーデンが知られている。

20世紀になって人口減少が顕在化したスウェーデンでは、当初は楽観的に受け止められていたという。だが、長期的には社会全体に大きな危機をもたらすものとして、戦後の社会民主労働党政権の下で少子化対策を重視する政策へと転換した。

富国強兵のために出産を奨励するのではなく、結婚して子供をもうけるのに支障となっている要因を取り除くことに政府の役割を見いだしたのである。出産や子育てにかかる経済的支援、女性が出産後も働き続けられるような保育所の拡充、教育費の負担軽減などの政策だ。

日本でも高度成長期に年金制度が整備され、高齢者の支援を家族だけに任せるのではなく、社会全体で支える仕組みへと転換が図られてきた。一方で子育ては相変わらず家族に担わせてきたことが少子化を招く大きな要因となった。

賃金が低く不安定な非正規雇用の若者の未婚率は著しく高い。子供を産まない理由として経済的に苦しいことを挙げる人も多い。

フランスの歴史人口学者、エマニュエル・トッド氏は毎日新聞のインタビューで日本の人口減少にこう警鐘を鳴らしている。

「日本が直面している最大の課題は人口の減少と老化だ。意識革命をして出生率を高めないと30〜40年後に突然災いがやってくる」

私たちが気づかないうちに、人口減少は社会の土台を崩していく。今こそ未来志向の政策を大胆に実施し、急激な人口減少から日本を救わなければならない。

（「毎日新聞」２０１７年1月8日）

さて、読者諸兄はこの毎日新聞の社説をどう読むだろうか。人口問題について関心のあるものは、概ねここに書かれていることに同意するかもしれない。しかし、わたしは、この社説の見解には、微細だけれども大変重要な問題の見落としと、事実認識の誤りがあると思う。微細な問題の歪曲は、読者をミスリードすることになる。

ここに掲げてあるデータに関しては、外形的なものだけを見れば、確かにその通りである。人口減少や社会の老齢化によって、社会保障が打撃を受け、家族の負担が増加するので、その対策を講じる必要があるという、これまで幾度も語られてきた対処の方向に関しても、とりわけ間違っているというつもりはない。

しかし、この社説には、少子化の本当の原因が何であり、それが何によって起きたのかという最も重要なポイントが語られていないのだ。語られていないことに関して、それが語られていないからという理由で論難するのはフェアではない。しかし、少子化現象に関しては、いつでも、その最も根本的な事実が語られることなく、あるいは誤認されたままで、いきなり対蹠的な処方箋が書かれようとするのである。

上の社説を普通に読めば、女性全般が、経済的な理由によって子どもを産まなくなったとしか読めないような筋立てになっている。だが、実際はそうではない。本書でデータを分析したように、少子化の原因は女性全般が子どもを産まなくなったわけではないし、経済的な原因（だけで）結婚をしなくなったわけでもないのだ。

少子化という現象に対処しようとするならば、それがどういうことであり、何が起きていたのかについての正しい認識が必要だ。そのうえで重要なのは、統計的な母数である。少子化という現象は、女性全般に起きていたことなのか。少子化というとき、母数は女性全般になっているが、はたしてこれは妥当なことなのだろうか。未婚女性による出産が社会道徳違反として指弾されるような社会（日本はその代表的なものだろう）と、フランスやスウェーデンのように法律婚によらない家族が一般的であるような社会の少子化率を比較する場合には、未婚女性と、既婚女性を別々のセグメントにして比較すべきではないのか。

日本の場合、結論を先に言えば、30歳以上の女性に少子化は起きていない。いや、既婚女性に関しては少子化というような現象はないといってよい。

そうだとすれば、少子化という問題は、「女性が子どもを産まなくなった」ということを意味しないのだ。これは大変重要なことで、もしこのことが分かっていれば、男性の性的欲求の減退（あるいはユニセックス化）が進行しているだとか、女性は産む機械であるといったトンデモ発言はなかったはずである。こうした無理解は、女性が子どもを産まないことは、社会的責任を放棄しているかのような戦前的な言説まで引き寄せてしまう結果になる。子どもを産むか産まないかは、あくまで当事者本人の自由であり、政治が介入すべき問題ではない。結婚するかしないかという選択もまた同じである。

その上で、もう一度何が起きているのかについて考えてみよう。すでに本書で分析したように、30歳以下の女性の既婚率が、戦後の経済発展や、文明の進展のなかでジグザグにではなく、棒下がりに低下してきていることが、少子化の原因なのだ。少子化という言い方に問題があるのかもしれない。それは、様々な現象の複合した結果の、最も外形的な現象に過ぎないからである。

この現象を考えるときに、わたしたちが立ち戻らなければならないのは、少子化の原因である結婚年齢の上昇をどこかで食い止めるか、あるいは下げることが、可能なのかどうかということになるだろう。

結婚年齢の上昇は、グラフ（図表5、42頁）に見られるように、昭和45年以降、例外なく一貫して継続してきている歴史的な現象である。それは実に、１９７０年から２０１７年の今日に至るまでおよそ半世紀にわたって継続してきている流れであり、短期的な傾向を示す「トレンド」というようなものではない。過去、およそ半世紀にわたって例外なく一貫して起きている他の現象とは何であろうか。それが、経済トレンドや、雇用の増減や、株価や、会社の収益率変化といった現象とは位相が違うことだけは確かなことだろう。後者の場合、その増減推移は、まさに上がったり下がったりするノコギリ状の、グラフを描くことになる。株価や、国内総生産や、就業率や、生産高や、消費率といった、上がったり、下がったりするような指標と、結婚年齢の上昇や、核家族化の進展（図表12、96頁）のグラフは、いずれも長期的かつ一方的に増減している。

心理的要因によって左右される株価や、在庫調整などによって循環性を持つ景気といったものは、グラフにプロットすれば、数年ごとに上げ下げするのこぎりの歯のような動きを示す。対して、人口や結婚年齢推移、核家族化の推移といったものは、一方的に右肩上がりだったり、右肩下がりになる。上げ下げの周期がまったく異なるのだ。

とりわけ、人口増減カーブに関しては、下降トレンドになったのは一回だけであり、わたしたちは、今、その大きな曲がり角を経験している。株価や、景気というものが、金融政策や財政政策によって修正可能なのに対して、人口増減や、結婚年齢というものを操作できるようなパラメーターは現実には存在していないのだ。

これまでの考察から明らかになったように、人口増減に大きな影響を及ぼすと推定されるファクターである結婚年齢は、基本的には個人の自由な選択によって決まるのであって、何か他のインセンティブによって調節可能というものではない。もちろん、経済的な理由によって結婚を躊躇しているカップルがあることは推定できるが、そのことが全体の結婚年齢にどれだけの影響を与えるのかは、ほとんど未知だといわなければならない。なぜならば、繰り返し述べてきたように、歴史上、経済的な困窮状態があったとしても、人口減少は起きなかったし、結婚年齢が長期的に上がったり下がったりするような顕著な傾向があったとはいえないからである。

では、本来個人の自由な選択である結婚の年齢が、時代が下るにしたがって上昇していることは何を意味するのだろうか。おそらくは、その要因をひとつに絞るのは不可能だ。ただ、人が自由に選択するというとき、そこに社会規範が大きく働くことだけは事実だろう。そろそろ結婚しなくてはいけないと考えるか、まだもう少し待とうかと考えるかは、社会全体の規範として、結婚に対する強制力が強いか、あるいはイエの呪縛から解かれ、結婚に対する強制力が弱くなっているかどうかということに強い影響を受けるに違いない。そうであるとすれば、それは人権意識や、「個人」の自覚が拡大してゆくという社会の進歩が、晩婚あるいは非婚という選択肢の幅を広げる結果になるのは不思議でもなんでもない。

そのうえで、少子化が問題であるとすれば、それは、その変化が急激であるために、社会の老齢化現象が起き、同時に社会全体の生産性の低下という現象が起きることであると言われている。とりわけ、GDPの低下と、年齢層のアンバランスによって、年金のシステムを維持してゆくことが難しくなっていることが問題であるといわれている。

ただ、こういった問題提起に関しては、注意が必要だ。人口のアンバランスによって、日本は、一人当たりのGDPが、OECDの他の諸国に対して、低いということがよく言われる。日本生産性本部が発表している2016年の、一人当たりの生産性国際比較によれば、日本は18位と低調で、この数字が独り歩きして、日本人の生産性が劣っているかのような印象を持つかもしれない。このデータに使われている一人当たりの生産性とは、GDP総額を人口数で割ったものである。

一人当たりの生産性上位国は、順番に、ルクセンブルグ、アイルランド、ノルウェー、スイス、米国、オランダ、オーストリア、ドイツ、スウェーデン、アイスランドである。

しかし、日本人の生産性が低いという言い方は、あまりにも大雑把であり、不正確である。わたしたちの経験的な印象からも、日本人が右の上位国に対して、生産性が低い、あるいは、なまけているなどということはとうてい言えないだろう。むしろ反対に、日本人は勤勉かつ、よくトレーニングされており、たとえばアメリカと比較した場合、生産性が高いことはあっても、劣るということは言えないはずだ。アメリカなり、ヨーロッパなりに、住んだり、長期滞在したりした経験があれば、わたしが言うことが単なる思い付きでないことに同意いただけるだろう。

一人当たりのGDPに現れてくる数字には単純なからくりがあるのだ。繰り返すが、一人当たりの生産性とは、GDP総額を人口で割ったものである。そして、GDPとは、生産側、分配側、消費側のいずれかで測定される（三面等価の原則）が、消費側で見れば、その内訳は民間消費支出、政府支出、純固定資本形成、純輸出の合計である。ここで、純固定資本形成というのは、企業や、一般政府、対家計民間非営利団体及び家計（個人企業）が新規に購入した有形または無形の資産のことを指す。簡単に言えば、企業の設備投資だ。

企業の、現金や有価証券による内部留保の蓄積や海外投資は、GDPには算入されていない。世界第3位のGDPを誇る日本が、一人当たりのGDPでは18位と低迷している理由のひとつは、一人当たりの生産の成果が企業の内部留保に、吸収されてしまっているからなのだ。

これらのことを踏まえていけば、人口問題とは、単に人口が減少して労働生産性が下がり、年金システムが崩壊するというようなことではなく、社会システム（労働分配システム）の問題なのだということに帰着してゆくことになるだろう。たとえば、企業の内部留保が給与上昇や、株主配当に向けられ、それが民間消費支出に結び付くだけで、一人当たりのGDPは一気に増加することになるからだ。

わたしは、毎日新聞のなかで、少子化対策に成功した国として、さらりと触れられている、フランスやスウェーデンの例をもう少しつぶさに検討すべきではないかと思う。どちらの国も、最も先進的な文化水準にあると同時に、落ち込みつつあった出生率の回復に成功している。

記事では、スウェーデンは「出産や子育てにかかる経済的支援、女性が出産後も働き続けられるような保育所の拡充、教育費の負担軽減などの政策」に取り組んだと紹介されている。隔靴掻痒の感のあるこの記事には書かれていない重要なことが二つある。ひとつは、スウェーデンやフランスと日本との間の社会保障給付比率の問題である。もうひとつは、スウェーデンやフランスの婚外子率の高さである。そして、この婚外子率の高さが何によってもたらされたのかということである。

とくに、スウェーデンは、ヨーロッパのなかで、ドイツと並んで日本の伝統的家族形態と同じ、権威主義家族形態を伝統的に持っていた国である。そのスウェーデンが、今どうなっているのかが気になるところだ。記事では「20世紀になって人口減少が顕在化したスウェーデンでは、当初は楽観的に受け止められていたという。だが、長期的には社会全体に大きな危機をもたらすものとして、戦後の社会民主労働党政権の下で少子化対策を重視する政策へと転換した」と書かれている。その通りなのだが、これだけでは、何が行われたのかがよく分からない。

内閣府の研究機関である社会総合研究所が出しているスウェーデンの少子化対策に関する

実態調査の結果を見てみよう（http://www.esri.go.jp/jp/prj/hou/hou011/hou011.html）。

そこには、先に挙げた、社会保障給付比率の問題と、婚外子率の問題が、明確に説明されている。スウェーデンでは、出産期の女性の労働力率は84・3％と高い一方（日本は66・6％）、出生率も日本よりも高い水準（2002年スウェーデン1・65、日本1・32）にあることが分かる。

その理由として挙げられるのは、⑴充実した育児休業制度、⑵充実した保育サービス、⑶勤務時間短縮制度と早い帰宅、⑷財源（高い家族給付）である。

そして、OECDの調査結果として、社会保障給付費のGDP比率の各国比較の表が示されている（図表20）。

この図表から分かるのは、日本が他の先進国と比較して、GDP比で、社会保障費の割合が極端に低いことである。いつの間にか、日本は、先進国中で、アメリカと並んで最も社会保障に力を入れない国になってしまったのだ。90年代以降、さかんに自己決定、自己責任ということが言われたが、実際に対GDP社会保障支給比率を比較してみれば、それは明らかであり、アメリカと並んで、日本は社会保障の薄い国家の代表なのだ。

では、社会保障比率とは別に、労働分配率（利益に対する賃金の比率）はどうなっているのか。

	社会保障給付全体	
		家族現金給付・現物給付
日本	14.66	0.47
スウェーデン	30.98	3.31
アメリカ	14.59	0.51
フランス	28.82	2.69
ドイツ	27.29	2.73
イギリス	24.70	2.22

図表20　社会保障給付費対GDP比の国際比較（1998年、%）
出典：OECD Public Social Expenditure
http://www.esri.go.jp/jp/prj/hou/hou011/hou011.html#zu10

独立行政法人労働政策研究・研修機構が発行している2015年版の「データブック Labour Statistics 国際労働比較」によれば、日本の水準（およそ70%）は他のヨーロッパ先進国と大差がない。ただ、スウェーデンとの比較でいえば、2008年までは日本の方が高かったが、2009年以降はスウェーデンの方が高くなっている（図表21）。スウェーデンは、日本に比して、労働分配率も高く、社会保障支給比率も高い。まあ、あたりまえといえば、あたりまえかもしれないが、スウェーデンは福祉国家の道を選択しており、そのことが社会の安定に寄与しているといえよう。

もう一つ、スウェーデンとフランスが行っていて、日本が行っていない顕著な法的な支援策にも目を向ける必要がある。この法的制度こそ、かの国々の少子化にブレーキをかけている最大の要因だからだ。同時に、この法的制度によって圧倒的に婚外子比率が上昇している。

	2000年	2005年	2007年	2008年	2009年	2010年	2011年	2012年	2013年
日本	72.1	67.9	66.7	69.6	71.5	68.9	70.5	69.7	69.3
アメリカ	71.1	68.5	69.7	70.7	69.9	67.9	67	66.8	—
カナダ	70.7	68.1	68.9	68.4	73.9	70.9	70	71.2	71.5
イギリス	69.9	67.0	69.1	68.6	70.3	68.7	67.4	69.1	69.6
ドイツ	72.2	66.7	63.5	65.3	68.3	66.6	65.9	67.5	67.9
フランス	69.1	70.6	69.6	70.2	73.4	72.5	72.7	74.2	74.5
イタリア	51.3	53.1	53.9	55.5	56.9	57.2	57.3	58.6	58.4
スウェーデン	70.6	69.4	66.2	68.1	73.6	69.3	69.8	72.4	72.1
ロシア	55.8	61.0	63.3	65.5	70.8	67.1	68.1	70.3	—
中国1)	53.3	50.7	47.9	47.5	48.9	47.5	47.3	—	—
香港1)	49.2	47.4	45.8	44.4	48	48.6	48.3	49.7	—
韓国	57.7	60.7	61.6	61.5	61.3	59.6	60.0	61.0	—
シンガポール＊	43.6	44.3	42.3	42.5	45.5	40.6	41.2	42.1	—
タイ	43.1	43.5	41.5	41.6	44.1	42.5	42.5	43.9	—
フィリピン	28.5	31.0	31.0	30.0	21.5	22.2	21.4	21.8	—
インド	38.9	33.8	32.5	35.1	36.3	36.0	35.8	—	—
オーストラリア	70.7	68.9	69.3	66.1	67.6	66.9	66.5	67.8	—
ニュージーランド	59.5	63.7	65.6	69.5	65.1	64.6	—	—	—
ブラジル＊	41.6	41.3	42.2	42.8	44.5	—	—	—	—

資料出所　日本：内閣府（2014.12）「2013年度国民経済計算確報」
OECD諸国及びロシア：OECD　Database（http://stats.oecd.org/）2014年12月現在
その他：UN data（http://data.un.org/）2014年12月現在
(注) 労働分配率＝雇用者報酬／要素費用表示の国民所得×100
＊=雇用者報酬/総国民所得×100

図表21　労働分配率

http://www.esri.go.jp/jp/prj/hou/hou011/hou011.html#zu10

図表15（110頁）が示しているように、すでに2008年の時点で、スウェーデン、フランスの婚外子比率はそれぞれ54・7％、52・6％と5割を超えており、日本は2・1％と十分の一に満たないほど婚外子の比率が少ない。これは、一見、日本人が道徳的に厳格であるということを意味しているかのような印象を与えるが、それは必ずしも正しい見方とは言えない。

スウェーデンの制度で特筆すべきなのは「サムボ法」である。「サムボ」とは、法律婚をしていない同棲カップルのことである。スウェーデンは、「サムボ法」という法的制度を作って、法律婚をしなくとも、サムボカップルの子どもと、法律婚カップルの子どもの間の差別を撤廃したのである。差別はないが、区別はあるので、その違いも明記しておこう。

（イ）サムボ解消時に財産分割の対象となるのは、住居と家財のみ。その他の財産（金融資産、車など）は分割の対象外（法律婚では、婚姻後に得た財産は全て共有財産）。

（ロ）死別時に相続の対象となるのは、共有手続きをとらない限り住居・家財・一定額以下の金融資産のみ。

（ハ）サムボ解消後、手続きをとらない限り、子どもの養育権は母親が自動的に単独で獲得（法律婚では、共同養育権）。

こうした、区別を見ていると、サムボ婚の方が、法律婚よりもハードルが低いことが分かるだろう。おそらく、多くの若者が、いきなり結婚して家族になるよりは、サムボ婚というカップルの在り方を準備期間のような形で選択する可能性は増大するだろう。そして、サムボ婚が比較的若い世代のための、中間共同体のモデルになれば、法律婚にこだわらないカップルが、子どもをつくることに躊躇を感じる必要がなくなる。婚外子率が50％を超えるというのは、サムボ婚を選択したものが50％に近いか、それを超えるほどに根付いたということを表している。

フランスにおいては、サムボ婚という制度はないが、やはり出産のハードルを下げる様々な施策を行っており、文化的にもユニオンリーブル（自由縁組）といった形態が一般的になってきている。簡単に言えば、フランスは少子化対策として、産めば産むほど有利な制度を作って、出生率を上げようとしたのだ。その中には、教科書の無償化とか、労働者の権利の拡張といった、直接的には出生率にリンクしないような政策も含まれている。しかし、こうした社会のルール全体を見直すことで、総人口の減少を止めて、安定的な労働力の供給が確保できるようにしたのである。

スウェーデンの場合も、フランスの場合も、少子化対策を、経済的なインセンティブだけで行おうとしておらず、さまざまな政策の中で、国家の文化そのものを再構築してゆこうとしていることが分かる。

考えてみれば、それはあたりまえのことであり、**少子化対策とは、時間をかけながら行う社会変革だ**ということである。現在の先進国に起きた、家族の解体とそれに伴う人口のアンバランス、少子化は、経済成長の帰結であるというこれまでの考察を踏まえてみれば、それらが「問題」としてとらえられるのは、これから以後も経済成長戦略として、重商主義的な政策を続けていきたいという陣営にとって問題なのであって、これをむしろ経済成長の結果としての自然の現象だというようにとらえれば、この自然の現象に沿って、社会デザインをしてゆくのが賢明なのではないか。

イメージから先に変われ

「世界の映像を裏返さないかぎり、永久に現実を裏返すことはできない。イメージから先に変われ！」[*8]と言ったのは、詩人の谷川雁である。革命詩人としての遂行的な言明なのだが、かれのこの革命思想は、現実がイメージを追い越してしまうような経済成長とともに顧みられることがなくなった。しかし、「イメージから先に変われ！」という言明は、現代にこそその有効性を発揮することができると、わたしは思うのだ。
その意味は、次のようなことである。

今後100年の間、日本の人口は減少し続ける。それはほとんど確実なことである。今年生まれた新生児が100万人だとすれば、その100万人は30年後の人口統計にも顔を出すし、50年後の人口統計にも顔を出す。これほど、将来を規定するような確実な指標は、他にはほとんど存在しないといっていい。人口動態は、年々激しく上下することはありえないが、長期的な動向ならば、「出生率」と現在の新生児総数によって「読む」ことが可能になる。

最終的に、というのは、人口が入れ替わって出生と死亡がバランスするときに、日本の人口がどのくらいになっているのかについては、正確なところは分からない。しかし、国立人口問題研究所の推計によれば、2060年までに日本の総人口は8674万人まで減少し、それから以後もさらに人口減少が続くと見られている。

（出典：国立社会保障・人口問題研究所 http://www.ipss.go.jp/syoushika/tohkei/newest04/point.pdf）。

いまのまま、出生率が上がらなければ、おそらくは、100年後には5000万人ぐらいまで縮小していることになる。このとき、日本はどのような国家になっているのだろうか。これが、わたしたちが思い描かなければならないイメージである。

方向性はそれほど多様ではないように思える。

ひとつは、スウェーデン型の福祉国家である。定常化してゆく経済を背景にして、これまでの経済成長戦略から、再分配の福祉型国家へと方向を転換する。定常化社会は、現在の政府からも、ビジネスセクターからもすこぶる評判は悪い。なぜなら、定常化社会は、縮小均衡を意味するからであり、経済成長を前提として生まれてきた株式会社の生態とは相容れないからである。しかし、戦後の高度経済成長の下絵を描いた下村治[*9]が「この日本列島で生活している一億二千万人が、どうやって食べどうやって生きて行くか」「その一億二千万人が、どうやって雇用を確保し、所得水準を上げ、生活の安定を享受するのか」を国民経済の課題だとして、保護貿易主義を援護したように、列島に生活する5000万人が安定した生活を維持し続けて、生き残っていくためには、社会保障を充実させ、格差の少ない、スウェーデン型の福祉国家へ舵を切るという選択は、考察に値するものだとわたしは思う。

もうひとつは、シンガポール型のグローバリズム拠点国家である。こういった選択がないとは言えないし、現状のビジネスエリート、ポリティカルエリートの多くのものが、シンガポールモデルをひとつの成功モデルとして思い描いているのも事実である。あるいは、大方はそれほど深刻にはとらえておらず、イノベーションが起きて、再び日本は経済成長軌道を回復するはずだと信じているのかもしれない。しかし、移民の実験国家であり、独裁的な国家でもあるシンガポールのモデルを、日本に採用するのは無理があるとわたしは思う。いや、それ以前に、わたしは金銭合理主義と独裁によって運営されるような国に住みたいとは思わない。

いずれにせよ、ほぼ確実である未来図、5000万人が暮らす列島が、どのような形になっているのかをイメージすることが重要なことではないかと考えている。それも、できるだけ具体的に。

そのとき自分はいないかもしれないが、自分の子どもや孫がどんなふうに働き、どんなふうに生活し、どのような娯楽に興じ、どのような文化を創り出しているのか。地方はどんなことになっているのか。その国は住むに値する国であるのか。

読者諸兄は、どちらの社会をイメージしているだろうか。

あとがき

私事になるが、5年ほど前に、早期の肺がんらしきものが見つかり、経過観察していたのだが、病巣がやや成長しているということだったので、思い切って手術をすることにした。がんに関しては、絵に描いたような自業自得なので、誰にも文句は言えない。半世紀のヘビースモーカーとしては、肺の部分切除という手術については、ちょっとした覚悟が必要だった。術後の肺炎が心配だったのである。

入院は、ちょうど、本書の原稿を書き終わりそうな時期に重なった。生還できない可能性もないではないということで、入院前に何としても脱稿しておきたかった。

手術は無事成功し、現在は自宅療養中である。入院直前に編集者に送った原稿のゲラが、療養中のわたしの手元に届けられることになった。何だかちょっと、不思議な気持ちである。

手術は4時間半かかったそうだが、全身麻酔のわたしにはもちろん、その時間の自覚がない。気がついたら、全てが終わっており、痛みだけが残った。医学の進歩は凄まじいもので、肺の3分の1を切除したのに、手術後5日目には退院ということになった。

ゲラを読み返して、気づいたことがある。わたしがここに書いたことが、この国に実現されるとき、つまりは人口が5000万人ほどになった日本にわたしは、いないということである。それは100年後の話だからである。そのとき、この国は極東の模範的な福祉国家になっているのか、あるいは世界の金融センターとして世界経済を牽引しているのか、あるいは世界は全く別のところに行ってしまっているのか。

いずれにせよ、それはわたしがいない日本である。全身麻酔から覚めて、今の日常に復帰したようには、わたしはそのときの日本に復帰していることはない。それでも、わたしは、この国に生きているひとびとが、幸福を感じながら生活を送っていることを望まないわけにはいかない。そのなかには、わたしの子孫がいるかもしれないし、もしいなくとも、わたしとどこかで関係のある後続のひとびとが生きているはずである。

手術後に、手元にもどったゲラのように、100年後の日本の、わたしの遠い知己の手元に、この原稿が届くのを想像することほどわくわくすることはない。もちろん、そんなことは、ありえないことは承知している。しかし、本書によって、こんなことを考えていた人間がいた痕跡だけは残ることになる。

この原稿と、これに先立って発表した『移行期的混乱』は、わたしにとっては、自身の存在証明のような重要な意味を持っていることだけは、ここに記しておきたいと思う。

先の『移行期的混乱』という本は、諸般の事情で筑摩書房から出されているが、そのときの編集者は現在晶文社の安藤聡さんだった。その続編にあたる本書の編集も、もちろん安藤聡さんである。

ここに、あらためてお礼申し上げたい。長い間ありがとうございました。

平川克美

註

＊1『人口の世界史』マッシモ・リヴィ-バッチ／速水融・斎藤修訳、東洋経済新報社、2014年

＊2『帝国以後』エマニュエル・トッド／石崎晴己訳、藤原書店、2003年

＊3『アラブ革命はなぜ起きたか――デモグラフィーとデモクラシー』エマニュエル・トッド／石崎晴己訳、藤原書店、2011年

＊4『「日本」とは何か　日本の歴史00』網野善彦、講談社学術文庫、2008年。網野は、綿密な時代考証を経て、百姓＝農民とする通説を根本的に覆す議論を展開している。「古代・中世・近世を通じて、少なくとも公的な制度の上では、『百姓』は文字通り『ふつうの人』であり、実態に即してみてもさまざまな生業を営む人々を多く含み、農業の比重もけっして圧倒的ではなかった」と書いている。

＊5 江戸時代の人口に関しては、研究者によって諸説ある。

＊6『人口から読む日本の歴史』鬼頭宏、講談社学術文庫、2000年、80-81頁

＊7『明治大正史世相篇』柳田國男、講談社学術文庫、1993年、277-288頁

＊8『谷川雁セレクションⅡ　原点の幻視者』谷川雁、日本経済評論社所収「幻影の革命政府について」より

＊9『日本は悪くない――悪いのはアメリカだ』下村治、文春文庫、2009年

参考文献

『世界大百科事典』平凡社

『無縁・公界・楽』網野善彦、平凡社ライブラリー

『人口の世界史』マッシモ・リヴィ - バッチ／速水融・斉藤修 訳、東洋経済新報社

『帝国以後』エマニュエル・トッド／石崎晴己 訳、藤原書店

『アラブ革命はなぜ起きたか――デモグラフィーとデモクラシー』エマニュエル・トッド／石崎晴己 訳、藤原書店

『明治大正史世相篇』柳田國男、講談社学術文庫

『人口から読む日本の歴史』鬼頭宏、講談社学術文庫

『江戸時代』大石慎三郎、中公新書

『自分のなかに歴史をよむ』阿部謹也、ちくま文庫

『一日江戸人』杉浦日向子、小学館文庫

『通貨の日本史』高木久史、中央公論新社

『アメリカの家族』岡田光世、岩波新書

『日本は悪くない――悪いのはアメリカだ』下村治、文春文庫

『数字でみる日本の１００年――日本国勢図会長期統計版 改訂第４版』国勢社

解説　「第三の共同体」について

内田樹

平川君とは少年時代からの友だちである。小学校5年生で出会ってから、ずっと仲良くしてきた。一度も言い争いをしたことがない。読んできた本も、見てきた映画も、聴いてきた音楽もだいたい同じである。20代の後半に二人で起業して、しばらく一緒に会社を経営していた。二人とも同じ頃に結婚して、同じ頃に娘が生まれた。二人とも武道が好きで、平川君は空手を、私は合気道を長く稽古して、それぞれ高段者になった。長じてからは二人とも大学で教鞭をとり、物書きとしてたくさん本を書くようになった。ほとんど「鏡像」のようなものである。

だから、彼がどんな話をしても「なるほど」と思い、「実はオレも前からずっとそう思っていたんだよ」と応じることになる。ほんとうに「前からずっとそう思っていた」のか、平川君の話を聞いているうちに納得して、記憶を書き換えて、自分も「前からずっと」という話にしているのか、どちらだかわからない。たぶん、高校生か大学生か、どこかの時点で二人の頭の内容は「パブリックドメイン」にしようということに暗黙のうちに決めたのだと思う。「情報の入会地」である。彼が持ち込んできたネタと、私が持ち込んできたネタをそこらに適当に積み上げておく。どちらが持ち込んできたのかというような出自は問わない。その「入会地」からそれぞれが自分に必要なものを取り出して、「久しく私の持論であるが」とか「個人的経験に照らして言うが」というようなマクラを振って使う。

前にホーフスタッターの『アメリカの反知性主義』を読んで、これは良書だと思って「平川、これ読んだか？」と訊いたら、「その本を内田に読めと言ったのはオレだよ」とたしなめられた。そうでしたか。そういうことが頻繁にある。

だから、二人の関心を持つ領域がずれている方が効率がよい。私がふだん手に取らないような本を平川君に読んでもらって、「こういうことが書いてある」と言ってもらえれば、私は読まずに読んだ気になれる。ほんとうはそういう横着なことをしてはいけないのだが、私が読んでも赤線をひいたり、付箋を貼ったりするところは同じなのだから、彼にそこをきちんと引用して、解説してもらえれば、私の方はそれで当座の用は便じることができる。

本書の主題である人口問題・晩婚化「問題」は平川君の専門分野である。エマニュエル・トッドはともかくも、鬼頭宏とか速水融になると、私は名前も知らない人たちである。そういう人たちの書き物をこつこつと読んで、噛み砕いて、その学知のエッセンスを伝えてくれる平川君の努力を私は多とするものである。この分野においては、彼が私の「メンター」である。多くの日本人読者にとってもそれは変わらないと思う。彼以外に「こんな話」を書く人はいない。

この本の内容はほとんど彼から教えてもらうことばかりだけれど、それでも中にいくつか「そうそう、オレも前からそう思っていたのだ」と深く同意するところがあった。それは「中間共同体」の話である。平川君はこう問いを立て、そのまま問いを宙吊りにして、本を終えている。

「わたしたちは、家族に代わりうる中間共同体を作り出すことができるのか」（138頁）。

私は「できる」と思っている。それについていささかの贅言を弄して本書の「解説」に代えたいと思う。

私は今神戸で「凱風館」という道場を主宰している。一階が道場、二階が自宅という建物である。これを地縁・血縁共同体に代替する「第三の共同体」、一種の「拡大家族」として組織したいというのが私の無謀な計画である。

「拡大家族」のオリジナル・アイディアはカート・ヴォネガットのファンタジー『スラップ

スティック』から頂いた。「拡大家族」は国民全員がミドルネームをつけることで人為的に創り出される。ミドルネームは自分の好きな植物や動物や鉱物の名前を1から20までのハイフンをつないで作る。「ウラニウム-3」とか「オイスター-19」とか。そして、「ウラニウム」とか「オイスター」とかいうミドルネームを持つ人たちは全員が「いとこ」になる。だから、旅をすると、どの街にも「いとこ」がいて、歓待してくれる。たぶん全国の「いとこ」たちは時々集まって、バーベキュー大会とかビンゴゲームとかやっているのだろう(カート・ヴォネガット、『スラップスティック』、浅倉久志訳、ハヤカワ文庫、1983年、179頁)。

でも、これはそれほど突飛な提案ではない。「拡大家族」の原型はマリノフスキーの『西太平洋の遠洋航海者』に出てくるトロブリアンド諸島のクラ交易に見ることができるからである。

クラ交易は、離れた島々の間で、貝殻で作った装身具を交換する経済活動である。交易する者は隣接する島々に自分の「クラ仲間」を持つ。島と島は潜在的に敵対的な関係にあるため、交易のために近隣の島を訪れた者を歓待し、その滞在中の安全を保障するのは「クラ仲間」の仕事である。だから、「クラ仲間」が多ければ多いほど、そして彼らがそれぞれの島内において地位が高く、人望がある人物であればあるほど、訪問先での滞在は安全かつ快適なものになる。それゆえ、クラ交易では、「クラ仲間」がどの島にどれくらいの人数いるか、その人たちがそれぞれの島内でどういうポジションにあるかが、メンバーたちにとって死活的に重要なことになる（ブロニスワフ・マリノフスキー、『西太平洋の遠洋航海者』、寺田和夫他訳、中央公論社「世界の名著59」、1967年、156－7頁）。

これは本邦の渡世業界における「兄弟盃」というものと機能的には近いのではないかと思う。かの業界では、敵対する組織も含めて、さまざまな組の、地位の高い人物と「兄弟」であることは、渡世上の大きなアドバンテージだからである。

ヨーロッパにだって似たものはあった。クロポトキンは中世の同業組合、自由都市、自治町村（コミューン）などの組織原理は「相互扶助」であったと書いている。同業組合では、仲間が経済的窮状に陥ったら全員で救うこと、病気のときは枕頭で看護すること、死んだ後は遺族を扶助すること、もし組合外のものとの抗争があれば「ことの善悪にかかわらずその仲間を擁護する」ことなどが誓約された。これが「アナーキズム」と呼ばれる政治思想の基本的な考え方である。「アナーキズム」とは、中央集権的な国家抜きに人間たちが相互扶助しうる統治モデルの探求のことである（ピョートル・クロポトキン、『新版・相互扶助論』、大杉栄訳、同時代社、2009年、188頁）。

東洋にも同様のものがある。白川静によれば、古代中国の「墨家」は（ヨーロッパにおけるフリーメーソンと同じく）工匠から派生した職能集団であり、機械兵器の制作に長けていた。彼らは独立した自律的な戦闘集団をなし、その成員たちは「強い団結ときびしい結社性」によって結ばれ、墨家は仲間のためにはあげて一国を相手に戦うことを辞さなかった。白川静はこれを「ギルド的社会主義の古代的形態」としている（白川静、『孔子伝』、中公文庫、1991年、192頁）。

これらの時代も土地も隔たること遠いさまざまな先駆的な様態をモデルにして、私は現代における「第三の共同体」を構想している。「第三の共同体」のアイディアそのものは、地縁・血縁共同体の発生と同じくらいに古いはずである。そして、それらよりずっと可塑的である。それは、その時々の歴史的条件に従って、さまざまな様態を自由にとりうるということである。ただし、注意しなければいけないのは、これらは成員たちの地上的実利を相互保証するだけの経済合理性にかなった組織体ではないということである。

例えば、シェアハウスとか、共同育児とか、共同介護のような組織体はアイディアとしてはよいものだし、実際にメンバーたちに具体的な便益をもたらすだろうが、長期にわたって（50年、100年というスパンでは）持続することはない。

なぜか。そういう経済合理的な共同体では、相互の「サービス」は一種の商品としてとらえられているからである。そこでは、あるサービスを履行したものはそれと等価のサービスを他のメンバーから期待できる。だから、成員間では、「持ち出し分」と「取り分」がイコールになるし、ならなければならない。一部の人たちだけに負担が偏り、一部の人が不当に受益しているという不公平感が生じると、そのような共同体はたちまち瓦解する。

日本の年金制度や生活保護について、「『あいつら』だけがいい思いをして、『オレたち』ばかりが割を食っている。『あいつら』を追い出せ」とうるさく言い立てる人たちがいるけれど、こういうマインドの人はどんなかたちのものであれ共同体を構成することができない。というのは、そう考える人たちは当然ながら合理的な選択肢として「あいつら」を排除した「オレたち」だけの共同体を作ろうとするからである。けれども、この「オレたち」だけの共同体でも「持ち出し分」と「取り分」の厳密な一致は期しがたい。ここでも「オレだけ割を食っている」と言い出す人が必ず出てくる。「強者連合」というアイディアの落とし穴は「強者」というのは「弱者」がそばにいるときにのみ成立する相対的な観念に過ぎないということである。だから、「強者連合」内部にも必ず「相対的弱者」が生じる。一時的には強者であった人間も、老いたり、病んだり、破産したりすれば弱者になる。そのとき、彼らは自動的に「共同体内に巣食うフリーライダー」と見なされて、排除される。そうやって「強いオレたち」だけの共同体は最終的に成員ゼロになるまで痩せ細ってゆく。

「持ち出し分」と「取り分」の等価交換を求める人たちは、相互扶助・相互支援のネットワークを商品と代価の交換と同じようなものだと考えている。だから、「今オレの割り当て分の贈与をしたから、それと等価のものをただちに反対給付せよ」というような要求を当然のものと考える。けれども、「第三の共同体」では、誰もそのような要求をしない。というのは、扶助を必要とするのは、まさに「贈与されたものをただちに反対給付できない人たち」だからである。それは老人であったり、病人であったり、寡婦であったり、孤児であったり、異邦人だったりするわけで、彼らから「こちらの持ち出し分」をただちに回収することは原理的に不可能なのである。

これを「不公平」だとか「やらずぶったくり」だとか言う人たちは、自分がかつて幼児であり、いずれ老人になり、高い確率で病人や怪我人になり、不運な場合には寄る辺なき身の上になるということを想像したことがないのだろう。しかし、幼児は「かつての自分」であり、老人は「未来の自分」であり、病人や難民は「そうなったかもしれない自分」である。共同体は、時間差をともなったしかたで、他者を自分として気づかう想像力なしには存立しえないのである。

そもそも私たちは無数の先人たちの「贈与」の結果として、この世に生を享け、今生きている。私たちが利用しているすべての社会制度は、統治システムも、家族制度も、言語も、知識も、科学技術も、芸術も、先人から遺贈されたものである。私たちが自分でゼロから作ったものなど一つもない。カール・ポッパーによれば、私たちは「先人の肩の上」に乗っているのである。私たちが今ここに存在しているということ自体が長い時間をかけて蓄積された膨大な「贈与」の帰結なのである。だとすれば、私たちは今ここに生きていることによってすでに反対給付の義務を負っていることになる。

モースの贈与論が教えるのは、贈与という概念は、贈与を受けて、反対給付の義務を感じた主体の出現と同時に受肉するということである。「反対給付義務を感じる主体の出現以前の贈与」というものは存在しない。それは悖理《はいり》なのである。「私は贈与を受け取った」と名乗る主体が出現したことによって贈与は「それに先行して存在したもの」として時間を遡航するかたちで構成される。それは神という概念が「神を崇敬する」主体の出現によって受肉するのと原理的には同じである。それは、エマニュエル・レヴィナスの言葉を借りて言えば、「かつて一度も現在になったことのない過去」なのである。

だから、非常にわかりにくいことを申し上げるが、贈与と反対給付は時間系の中で出来《しゅったい》するというよりはむしろ、贈与と反対給付のサイクルを開始したときに人間は「時間」という観念を手に入れたという方が実相に近い。そして、そのときに人間は人間になったのである。

レヴィナスの『時間と他者』の冒頭は次のような宣言で始まる。

「この講演の目的は、時間とは孤立した単独の主体にかかわることがらではなく、主体と他者の関係そのものであることを証明することにある」(Emmanuel Lévinas, *Le temps et l'autre*,

PUF,1983, p.17）

時間とは「主体と他者の関係そのもの」であるという唐突な断定の前に多くの読者は立ちすくんだ（私も立ちすくんだ）。でも、「主体と他者の関係」を「人間はいかにして他者と共同体を構築するのか」という遂行的な問いに書き換えれば、「贈与と反対給付のサイクルを創り出したことで、人間は『時間』という観念を持つようになった」という私が今述べたような文化人類学的な知見とそれほど隔たったことをレヴィナスは語っているわけではないということがわかる。

私たちが「ここ」にいるのは、「私たちの前にそこにいたもの」が私たちのために「ここ」を空けて立ち去ったからである。私たちが「現在」にいるのは「私たちの前にそこにいたもの」が「現在」の地位を私たちに譲って立ち去ったからである。私たちはその「空位」に入り込んだのである。私たちはすでに「贈与を受けたもの」として、この世界に遅れて登場した。このような人間のありようをレヴィナスはかつて「始原の遅れ（initial après-coup）」と術語化したことがある。人間はそのつどすでに遅れたものとして、すでに反対給付義務を負ったものとして世界に登場する。だから、人間の発すべき最初の言葉は「私はあなたに贈与する。なぜなら、私は『誰か』からすでに贈与を受けており、その反対給付義務を果たさないと、『何か悪いこと』が起きるからだ」というものになる。

人類はその黎明期において、世界を分節する原基的な表象形式（時間と空間）と、共同体存立の基本原理（贈与と反対給付）を同時的に立ち上げたというのが私の仮説である。多くの哲学者や人類学者が同じことを別の言葉で語っているはずである。私はそれを自分の言葉で祖述しているだけである。

なんだか哲学的な話になってしまったので、現実的な話題に引き戻すが、私が言いたかったのは、地縁・血縁共同体とは違う「第三の共同体」を存立させる原理があるとすれば、それは贈与と反対給付のサイクルを駆動させ続けることができるような共同体、時間が受肉した共同体だ、ということである。

「時間が受肉した共同体」というのもこなれない表現だが、そういう言い方しか今は思いつけない。それは例えば教育共同体であり、宗教共同体であり、職能共同体である。これらの共同体では、メンバーたちは「先人から贈られたもの」によってわが身を養っている。そしてその恩に報いるために、先人から継いだ「学統」「法統」「道統」などなどを後続する世代に「パスする」ことを本務としている。「師」からの贈り物の受託者は、それを次世代に継承することでしか反対給付義務を履行し得ない。だから、どんなことがあってもこの共同体を持続させなければならない。できるだけ長い時間、できるだけ多くの後継者たちに贈与し続けなければならない。これは贈与と反対給付を「商品と代価」のメタファーでしか考えられない人たちの構想する「共同体のようなもの」とは存立する論理も様態もまったく別のものである。商取引における商品と代価の交換の基本は無時間モデル（cash on delivery）である。消費者は商品と代価の交換が同時的に果たされることを望む。金を払ってから商品のデリバリーまでに長いタイムスパンがあるような取り引きは忌避される。できることなら、まず商品が手に届いて、金を払うのは後という「通販モデル」が選好されるのは、「時は金」、もっとありていに言えば「時間はコスト」だと人々が考えているからである。

けれども、「第三の共同体」では、成員は「すでに贈与を受けている」という認知からスタートし、一生かかって、どれほど反対給付義務を履行しても、ついにその贈与を相殺することができないという負債感ゆえに、共同体の維持を切望するのである。共同体が持続するのは「いいことがある」からではない。共同体が持続しないと「すべきことができない」からである。

本書の末尾近くで平川君はこう書いている。

「わたしたちがいま見ている光景は、競争原理から次の原理へと移行するその混乱そのものなのである。そして、次の原理とは何なのかについて、わたしたちは実際のところ何も明確

なヴィジョンを持っているわけではない」(176-7頁)

私はこの「次の原理」について、自分自身のこれからの道場共同体実践を通じて、「それはどのような原理であるのか、それに基づいた場合に、どのような共同体が構想しうるのか」という問いに答えてみたいと思っている。私が経験的に獲得した知見はもちろん二人の「パブリックドメイン」に登録される。平川君がそこから何かを取り出して、この話の「続き」を書いてくれることを私は切望している。そのためにはまず長生きしてもらわないといけない。平川君のご健康とご健筆を心から祈念する所以である。

つい調子に乗って予定の字数の2倍近く書いてしまったことについては、編集の安藤さんのご海容を伏してお願いしたい。

著者について

平川克美（ひらかわ・かつみ）

1950年、東京都生まれ。隣町珈琲店主。声と語りのダウンロードサイト「ラジオデイズ」代表。立教大学客員教授。文筆家。早稲田大学理工学部機械工学科卒業後、翻訳を主業務とするアーバン・トランスレーションを設立。99年シリコンバレーのBusiness Cafe Inc.の設立に参加。著書に『移行期的混乱』（ちくま文庫）、『俺に似たひと』（朝日文庫）、『小商いのすすめ』『「消費」をやめる』（共にミシマ社）、『路地裏の資本主義』（角川ＳＳＣ新書）、『復路の哲学』（夜間飛行）、『「あまのじゃく」に考える』（三笠書房）、『一回半ひねりの働き方』（角川新書）、『何かのためではない、特別なこと』（平凡社）、『言葉が鍛えられる場所』（大和書房）、『グローバリズムという病』『喪失の戦後史』（共に東洋経済新報社）などがある。

犀の教室
Liberal Arts Lab

「移行期的混乱《いこうきてきこんらん》」以後《いご》
——家族の崩壊と再生

2017年5月30日　初版

著　者　平川克美

発行者　株式会社晶文社
東京都千代田区神田神保町1-11 〒101-0051
電　話　03-3518-4940（代表）・4942（編集）
URL　http://www.shobunsha.co.jp

印刷・製本　中央精版印刷株式会社

ISBN978-4-7949-6829-6 Printed in Japan

犀の教室
Liberal Arts Lab

生きるための教養を犀の歩みで届けます。
越境する知の成果を伝える
あたらしい教養の実験室「犀の教室」

街場の憂国論　内田樹
未曾有の国難に対しどう処すべきか？ 国を揺るがす危機への備え方を説く。

パラレルな知性　鷲田清一
いま求められる知性の在り方とは？　臨床哲学者が 3.11 以降追究した思索の集大成。

街場の憂国会議　内田樹 編
民主制の根幹をゆるがす安倍政権に対する、9名の論者による緊急論考集。

「踊り場」日本論　岡田憲治・小田嶋隆
右肩上がりの指向から「踊り場」的思考へ。コラムニストと政治学者の壮大な雑談。

日本の反知性主義　内田樹 編
社会の根幹部分に食い入る「反知性主義」をめぐるラディカルな論考。

〈凡庸〉という悪魔　藤井聡
ハンナ・アーレントの全体主義論で読み解く現代日本の病理構造。

集団的自衛権はなぜ違憲なのか　木村草太
武器としての憲法学を！ 若き憲法学者による、安保法制に対する徹底批判の書。

ブラック・デモクラシー　藤井聡 編
大阪都構想住民投票を例に、民主主義ブラック化の恐るべきプロセスを徹底検証。

平成の家族と食　品田知美 編
全国調査による膨大なデータをもとに、平成の家族と食のリアルを徹底的に解明。

民主主義を直感するために　國分功一郎
哲学研究者がさまざまな政治の現場を歩き、対話し、考えた思索の軌跡。

国民所得を 80 万円増やす経済政策　藤井聡
規律ある財政政策でデフレ完全脱却。内閣官房参与が提示する経済再生のシナリオ。

転換期を生きるきみたちへ　内田樹 編
中高生に伝える、既存の考え方が通用しない時代で生き延びるための知恵と技術。

現代の地政学　佐藤優
世界を動かす「見えざる力の法則」の全貌を明らかにする、地政学テキストの決定版！

日本語とジャーナリズム　武田徹
日本語が抱える構造的問題から考えるジャーナリズム論にして、日本文化論。

「文明の衝突」はなぜ起きたのか　薬師院仁志
対立を乗り越えるために知る、ヨーロッパ・中東の近現代史の真実。